어제의 나를 넘어서라

31년 보험 영업을 이끈 삶의 에너지

윤병철 지음

어제의
나를
넘어서라

가디언

오늘의 '나'는 내일의 어떤 '나'가 될까

이 글은 내 가슴을 뛰게 하고 지금껏 살아오게 한 인생의 에너지에 관한 이야기이다. 그 에너지는 내가 겪어온 치열한 영업 현장에서 수많은 실패와 좌절을 딛고 극복할 수 있도록 여기까지 이끌어주었다.

나는 1987년 한화생명보험(주)에 들어가 31년 동안 근무하고 2018년 1월에 떠났다. 지난 세월을 생각하면 참으로 많은 일이 있었다. 1998년 IMF 외환위기, 2008년 금융위기 같은 큰 파도를 두 번이나 넘었고, 무엇보다도 회사의 주인이 세 번이나 바뀌는 경험을 했다. 그런 가운데에서도 결혼을 하고 아이를 낳고 그 아이가 자라 어엿한 직장인이 될 때까지 한 회사에 다녔으니 감사할 따름이다. 물론 지난 기억 속에는 바보 같은 일, 부끄러운 일도 많이 있다. 그다지 중요하지 않은 사소한 일에 목숨 걸듯 매달리기도 했다. 다시 과거로 돌아간다면 어떨까? 생각해보면 더 열심히 살 자신은 없지만, 실수를 덜 할 수는 있을 것 같다.

난 특정 분야를 깊게 연구한 학자도 아니고 머리가 좋은 것도 아니고 노래나 스포츠에 재능이 있는 사람도 아니다. 외모 역시 평범하다. 나 같이 평범하기 짝이 없는 사람이 평사원에서 시작하여 영업 부문 최고 책임자 자리까지 오를 수 있었던 것은 큰 행운이었다. 어쩌면 특별한 재능이 없어 한 우물을 판 결과인지도 모르겠다.

얼마 전 김형석 교수의 《100년을 살아 보니》란 책을 읽었다. 그분 말씀대로라면 지금 내 인생은 고작 2/3를 보낸 셈이다. 김 교수는 60세부터 75세까지가 인생의 황금기라 하셨는데, 솔직히 나에게는 와닿지 않는다. 그보다는 다가올 불확실한 앞날에 대한 두려움과 걱정이 큰 게 사실이다. 그러나 나도 김 교수처럼 오늘부터 겪을 시간이 훗날 내 인생의 황금기였다고 고백할 수 있다면 좋겠다. 그래서 지금 나는 설레는 기분과 두려운 마음으로 새로운 인생을 시작하고 있다.

직장 생활을 하는 동안 강사들에게 얼마나 많이 들었는지 귀에 못이 박힌 말이 있다.

"생각이 바뀌면 행동이 바뀌고, 행동이 바뀌면 습관이 바뀌고, 습관이 바뀌면 인생이 바뀐다."

아마 여러분도 많이 들어본 말일 것이다. 실제 성공한 사람들도 대부분 한결같이 하는 말이다. 그런데 생각이 어떻게 바뀌는 것일까? 생각을 바꾼 사람들은 어떤 이유에서일까? 내 경험상 그것은 자극을 통해서 가능하다. 일반적으로 사람들이 받는 자극에는 좋은 강의나 교육, 혹은 독서나 여행 같은 외부적 자극과 스스로 성찰을 통해 이끌어내는 내면의 자극이 있다. 그리고 내면을 성찰하다 보면 우리에게 더욱 나은 삶을 살고 싶어 하는 갈망이 있고, 그 갈망이 곧 더 나은 삶을 위한 인생의 에너지를 이끈다는 것을 알 수 있다.

나는 시장에서 물건을 파는 상인들, 이른 새벽 밀려오는 잠을 뿌리치며 학교로 회사로 향하는 사람들, 더 나은 결과를 위해 필사적으로 노력하는 스포츠맨, 예술인, 사명감을 가지고 애쓰는 기업인 등 누구에게나 더 나은 삶을 살고 싶어 하는 인생의 에너지가 있음을 보아왔다.

그들의 삶을 이끄는 에너지는 도대체 무엇일까? 기본적인 생계 수단이든, 자식 교육에 대한 염원이든, 자기 욕망이든, 자아실현이라는 고상한 이유이든, 무언가 그들을 움직이게 하는 힘, 즉 에너지가 바탕이 된다. 이 삶을 이끄는 에너지가 크면 클수록 강한 행동과 추진력이 나온다. 나와 같이 일했던 보험설계사 중에는 자기 건물을 소유하겠다는 꿈을 갖고 일하는 분도 계셨고, 관리자에 대한 열망으로 일하는 분도 계셨고, 못 배운 것이 한이 되어 자기

자식만큼은 교육을 잘 시키겠다는 마음으로 일하는 분도 계셨고, 또 더 많은 이웃을 위해 봉사할 수 있는 비용을 감당하기 위해 일하는 분도 계셨다.

반면에 누군가 스스로 목숨을 끊었다는 안타까운 소식을 심심치 않게 듣기도 한다. 왜 그런 극단적인 선택을 하게 된 것일까? 아마도 그분들에게 그 순간 삶을 지탱할 수 있는 에너지가 0(zero)이거나 거의 마이너스에 가깝지 않았을까 하는 생각이 든다.

세상에는 분야마다 업의 본질이나 공식, 원리 그리고 이루고자 하는 목적이 있고 이를 위한 메커니즘이 있다. 그리고 이러한 목적을 가능케 하는 가장 중요한 것이 이를 이끄는 힘, 즉 에너지이다. 이 에너지가 사람이든 기업이든 어제의 자신을 넘어서게 하는 원동력이 된다.

어제의 나를 넘어서는 것은 타인을 적으로 만들지 않고 누구에게도 상처 주지 않으면서 자신을 앞으로 나아가게 하는 에너지이다. 또한 어제의 나를 넘어선다는 것은 날마다 자신을 새롭게 창조하게 한다.

지금까지 나는 31년간의 회사 생활이 내 삶에서 가장 중요한 시기였다고 생각해왔다. 그런데 회사를 나와서 보니 더 중요한 시기는 오히려 지금부터라는 생각이 든다. 어제의 '나'가 '직장인으로 치열하게 살아온 나'라면 '오늘의 나'는 '어제의 나를 넘어서는 성숙한 사람'이라면 좋겠다. 그래서 언젠가 이 세상을 떠날 때쯤 나에게 잘 살아왔다는 인사를 건네고 싶다. 지금 나는 지나온 시간을 반추해보면서 얻게 되는 힘으로 어제의 나를 넘어서려는 새로운 출발을 준비하고 있다.

독자 여러분께 미리 양해를 구한다. '시작하는 글'에서 나의 성장 과정을 간단히 소개했다. 스스로 자신의 이야기를 쓴다는 것은 참 쑥스럽고, 부담스럽고 손발이 오글거리는 일이다. 그러나 굳이 내 오래된 이야기를 펼쳐놓은 것은, 경험상 누구를 만나더라도 그 사람의 인생 이야기를 알고 나면 그의 말과 행동, 그리고 생각을 훨씬 잘 이해할 수 있었기 때문이다. 내 인생 이야기를 먼저 듣고 이 책을 읽는다면 여기에 담은 일에 대한 노하우와 지키고자 한 정신을 더 잘 이해하리라 생각한다.

끝으로 한없이 부족한 내가 긴 세월을 살아낼 수 있도록 항상 쓴소리 마다하지 않고 인생의 멘토가 되어준 아내와 본인의 삶을 통해 진정한 신앙인의 표상이 되어 흔들리는 나의 믿음을 바로잡아주신 한국기독교선교100주년기념교회 이재철 목사, 그리고 나의 부족함을 덮어주고 성원하고 믿어준 한화생명보험(주) FP와 선배, 후배, 동료들에게 무한한 감사를 드린다.
무엇보다 지금 내 삶의 상당 부분이 한화생명보험(주)로부터 많은 영향을 받아왔음을 고백한다. 모쪼록 부족한 이 글이 누군가에게 징검다리가 되고 장착하고 싶은 인생의 내비게이션이 되어서 지금까지 내가 그들로부터 받은 배려와 사랑에 조금이라도 보답할 수 있었으면 좋겠다.

2018년 10월

윤병철

차례

프롤로그   오늘의 '나'는 내일의 어떤 '나'가 될까 • 004
시작하는 글   매일매일 부족함을 채워왔다 • 014

1부   어제보다 나은 삶을 향한 에너지

1장 | 보편적 에너지

1. 행복 • 040
2. 비전 • 045
3. 꿈 • 057
4. 인정과 인사 • 064
5. 재정의 안정 • 072
6. 직장 • 085

2장 | 자기계발 에너지

1. 경쟁력 • 092

2. 도전 • 099

3. 잠재력과 시간 관리 • 106

4. 습관 • 118

5. 선택 • 123

6. 결과 • 127

3장 | 품격 있는 삶을 위한 에너지

1. 큰 바위 얼굴 • 132

2. 사람다움 • 137

3. Give and Take • 140

4. 진정한 자존감 • 144

5. 담금질 • 148

6. 마음 열기 • 151

4장 | 조직의 변화를 이끄는 에너지

1. 변화의 속도와 미래 • 158

2. 성장의 임계점과 혁신 • 162

3. 이론과 현장 • 167

4. 인간관계 • 172

5. 리더의 영향력과 관점 • 178

6. 공생의 길 • 182

2부 에너지가 이끄는 삶의 현장

1장 | 영업의 원리

1. 영업의 공식 • 193

2. 업의 본질 • 197

3. 보험 영업의 메커니즘 • 204

4. 보험 영업 관련자 • 210

5. 영업의 골든 룰 • 215

6. 판매와 구매 프로세스 • 219

7. 삼투압 현상 • 226

2장 | **성공 영업을 위한 액션 플랜**

1. 보험설계사의 정체성 • 232

2. NRP를 통한 우수신인 도입과 육성 • 235

3. 패러다임의 대전환, 정예화 • 247

4. NVP와 NDP 그리고 표준 활동 • 254

5. 평가 • 259

6. 효율 • 264

7. 영업관리자의 경쟁력 • 269

8. 메커니즘 향상을 위한 영업관리자의 Tool • 274

9. 고객과 반복의 길 • 283

에필로그   리셋, 미래를 위한 도전과 준비 • 287

마치는 글   성장이 멈추지 않는 사람 • 294

매일매일 부족함을 채워왔다

| 성장 |

　나는 1960년 3월 1일, 즉 삼일절에 전라남도 함평의 농사꾼 집에서 3남 2녀 중 둘째 아들로 태어났다. 내 또래가 거의 그렇듯 당시 우리나라 사람들은 대부분 농사일을 하고 있었고 하나같이 가난했다. 요새는 생소한 보릿고개란 말이 흔할 만큼 먹는 문제도 제대로 해결이 안된 시절이었다. 장날 아버지가 사오시는 껌 한 통이 가족 모두의 즐거움이었고, 초등학교에서는 정기적으로 아이들의 몸과 손에 낀 때를 검사하고 회충약을 나눠주던 시절이었다. 전기는 언감생심 먼 나라 이야기여서 작고 어두컴컴한 안방에 할아버지, 할머니 그리고 2~3명의 형제가 함께 잔 기억이 생생하다. 그런데도 가난이 뭔지 잘 몰랐다. 왜냐하면 이웃집도 모두 우리와 다르지 않았기 때문이다.

우리 마을은 일제강점기에 간척 사업으로 만들어진 신흥 마을이었다. 아버지는 이곳에서 태어나지 않으셨지만 첩첩 산골의 가난을 피해 이 마을로 오셔서 마을 귀퉁이에 둥지를 틀었다고 하셨다. 우리 집에 대한 기억은 아버지의 지독한 노동 덕택에 땅을 꽤 많이 가진 중농 이상의 농사꾼 대열에 끼기 시작한 후부터 갖고 있다. 중농이라고는 하지만 그 땅 중 많은 부분이 빚이었다는 사실을 나중에 알았다.

당시 내 삶은 고단한 노동의 연속이었다. 경운기 같은 농기계가 없어 모든 일을 수작업으로 해야 했기에 농사를 많이 짓는다는 것은 일 년 내내 밭일, 논일, 집안일로 일거리가 넘쳐난다는 걸 의미했다. 한창 놀고 싶은 어린아이 앞에 일이 끊이지 않았다. 그래서일까. 대개 시골 출신들이 나이 들면 그리운 고향에 가서 여생을 보내고 싶어 하는데 나는 눈곱만큼도 그런 바람이 없다. 어린 시절 억센 노동의 트라우마는 시골에 대한 추억을 행복보다 고통스러웠던 기억들로 채웠다.

초등학교 4학년 때 내 인생 최대의 사건이 일어났다. 나에게는 다섯 살 위의 형님이 계셨는데 그 형님이 중학교를 마치고 서울로 유학을 간 것이다. 형님이 서울로 가버리니 나보다 어린 여동생들 돌보기, 저녁 준비하기를 비롯한 집안의 온갖 사소한 일부터 부모님 심부름까지 모두 내 몫이 되어버렸다. 어린 나에게는 하루하루가 바쁘고 힘든 나날이었다. 그런 가운데에서도 부모님은 어린 나보다 객지에서 생활하는 장남을 걱정하셨다. 방학이 되어 서울로 유학 간 형님이 내려오면 시골 마을은 난리가 났다. 하얀 얼굴에 서울말 쓰는 형님은 너무 멋있고 부러웠다.

그때 나는 이 힘든 시골 생활을 청산할 수 있는 유일한 길은 형처럼 서울로 가는 것이라 생각했다. 반드시 서울로 가겠다는 강렬한 에너지가 생긴 이유는 분명했다. 첫째, 지긋지긋한 시골 일이 싫었고, 둘째, 하얗고 세련된 서울 사람에 대한 동경이 생겼기 때문이었다.

그날부터 나도 서울에 보내달라고 부모님께 조르기 시작했다. 지금 생각해봐도 어림없는 일이었다. 내가 어려서가 아니라 우리 형편에 아들을 두 명이나 서울로 보낼 여유가 되지 않기 때문이다. 오늘날 기준으로 자녀 두 명을 미국 유학 보내는 것과 같은 격이다. 그 당시 차도 들어오지 않는 우리 마을에서 서울로 가려면, 한참을 걸어 나가 군내 버스를 타고 다시 함평읍에서 기차역 가는 시외버스를 갈아타야 비로소 완행열차를 타고 서울까지 갈 수 있었는데, 그 시간이 거의 1박 2일이 걸렸다. 그렇게 이동하여 서울에 도착하면 시차를 느낄 정도였다.

1960~1970년대 초만 해도 초등학교만 졸업하면 집안 농사일을 돕거나 공단에 돈 벌러 가는 친구들이 허다한 시절이었는데, 철없던 나는 매일 서울에 보내달라고 노래를 불렀다. 아마 부모님은 속이 터졌을 것이다. 도무지 떼쓰기를 멈추지 않았으니 말이

다. 당시 형님도 따로 하숙할 형편이 못되어 생활이 넉넉지 않은 친척 집에 얹혀살고 있었다. 그런 상황을 부담스러워하시는 부모님을 보고 나는 작전을 바꿔 형의 식모라도 좋으니 서울만 갈 수 있게 해달라고 졸랐다. 내 끈기에 결국 부모님은 서울행을 허락하셨고, 꿈에 그리던 서울 유학을 할 수 있게 되었다. 때는 1972년 6학년 여름방학이었으니 장장 3년여의 투쟁이었던 셈이다.

그런데 서울 유학은 시골 생활에 비교해 그렇게 녹록하지 않았다. 형님과 함께한 자취 생활은 밥하고 빨래하고 연탄을 가는 등, 식모와 진배없었다. 부모님께 형님의 식모 노릇을 하더라도 서울로 가고 싶다고는 했지만 정말 그런 생활을 하니 힘들기가 이루 말할 수가 없었다. 여름은 죽을 만큼 더웠고, 겨울은 진저리가 날 만큼 추웠다. 연탄가스 중독으로 세 번씩이나 죽을 고비를 넘기기도 했다. 그런 내 생활을 아는 주변 분들은 열악한 서울 생활을 걱정하고 염려해주었다. 하지만 그렇다 해도 나는 시골을 벗어난 서울 생활이 마냥 좋고 행복하기만 했다. 그렇게 3년의 세월이 지나고 형님이 사관학교에 가게 되자 나의 진정한 독립이 이루어졌다. 물론 넉넉지 않은 시골 출신 자취생은 늘 가난했고 외톨이였으며 방값이 싼 달동네를 찾아 이곳저곳으로 자주 이사를 해야 하는 신세였다. 이태원동, 봉천동, 신길동, 신림동이 내가 초등·중등·고등학교를 보낸 동네들이다.

| 시련 |

내가 고등학교 3학년이던 1978년, 고생스러운 자취 생활을 했지만 나름 행복한 시절을 보내고 있던 나에게 비보가 날아들었다. 새벽에 논으로 일하러 가신 아버지가 갑자기 쓰러져 돌아가셨다는 소식이었다. 아버님 나이 46세였다. 당시 43세의 어머니는 노환의 시부모님을 모시고 초, 중, 고, 대학을 다니고 있는 5명의 자식을 모두 떠안게 되었다. 아버지의 갑작스러운 죽음으로 집안은 쑥대밭이 되고 풍비박산 나고 말았다.

훗날 내가 가장이 되고 나서 아버지의 삶을 떠올려보니 아버지의 버거웠을 삶의 무게를 느낄 수 있었다. 10남매의 장남이었던 아버지는 지독한 가난으로 중학교를 중퇴하고 어린 나이에 가장이 되어야 했다. 그래서 밤낮으로 일만 하는 지독한 사람이라며 사람들은 아버지에게 독사라는 별명을 붙였다. 지금도 아버지만 생각하면 고마움과 죄송함 그리고 애잔함으로 가슴이 먹먹하고 그때의 황망했던 기억이 또렷하다. 아버지의 갑작스러운 죽음으로 가세는 급격히 기울어갈 수밖에 없었다.

이는 집안뿐만 아니라 나에게도 폭풍 같은 변화를 가져다주었다. 당장 대학 진학이 문제였다. 다행인지 불행인지 첫 입시에 떨어져 재수하게 되면서 공장으로 취업할 것인지 대학에 진학할 것인지를 놓고 심각한 고민을 해야 했다. 나는 집안 형편을 생각하면 말도 안되지만 무슨 수를 써서라도 대학은 가겠다고 마음먹었다. 상황이 아무리 어려워도 더 나은 내일을 선택하려는 내면의 갈망이 있었다. 아버님 생전에는 그래도 버틸 만큼의 생활비가 제공되었지만 돌아가신 후에는 조금의 원조도 기대할 수 없었다. 당장 거주할 곳은 물론 먹고 입어야 하는 기본적인 생계부터 해결해야 했다.

궁하면 통하고 하늘은 스스로 돕는 자를 돕는다고 했던가? 1980년 3월 친구가 나에게 평생 못 잊을 구세주 같은 제안을 했다. 바로 중학생 과외 아르바이트였다. 그런데 좀 특이한 조건이었다. 당시 과외비가 1인당 10만~20만 원 정도였던 데 반해 1인당 15,000원씩에 그나마 과외 할 장소를 제공하는 한 명에게는 과외비를 면제해주는 조건이었다. 5명 과외에 총 6만 원을 주겠다는 저렴해도 너무 저렴한 제안이었다. 대상 학생들도 어디로 튈지 모를 중학교 2학년만 5명이었다. 낮은 성적뿐 아니라 아이들의 방과후를 맡길 만한 선생이 필요했던 부모들 처지에서는 밑지는 셈 치고 일을 주는 것이었고, 나로서는 찬밥, 더운밥 가릴 상황이 아니었으니 조건은 좀 안 좋아도 서로의 이해가 맞아떨어졌다. 이 일은 나중에 내 인생을 견인하는 기회가 되었다.

당시 신군부에 의해 대학 입학식도 못하고 휴교령까지 내려 어차피 갈 곳도 없었다. 일주일에 서너 번 하기로 한 과외였는데 나는 거의 무한보충(?)처럼 매일 가다시피 했다. 주말이면 아이들과 운동장에서 공놀이까지 했으니 아이들의 방과후는 확실히 책임진 것이다. 과외를 시작하고 3개월 후 중간고사가 있었는데 놀라운 결과가 나왔다. 승부욕이 발동한 내가 아이들을 거의 합숙 수준으로 시험 준비를 시켰더니 학생들의 성적이 수직으로 상승했다. 이 일은 당시 그 동네 학부모들 사이에 굉장히 놀랄 만한 사건이었다. 15,000원의 저렴한 과외비로 아이들을 맡기는 것도 놀라운데 성적까지 크게 올랐으니 당연한 일이었다. 그래서 나에게 과외를 주선하던 친구 어머니는 삽시간에 믿을 만한 학생을 소개해준 학부모로 명성이 자자해졌다. 나는 비록 학부모들이 선호하는 대학교 학생은 아니었지만 성실함과 확실한 성적 상승이라는 나만의 경쟁력을 보여준 셈이었다.

그 후 나는 소위 과외 시장에서 가성비가 좋고 학생에게 최대한 시간을 맞춰주는 좋은 선생으로 소문이 났다. 그러나 그것도 얼마 가지 않아 전두환 정권의 과외 금지 조치가 발표되었다. 결국 나는 3개월 만에 과외를 그만두어야 하는 난감한 처지에 놓이게 되었다. 나에게 과외는 단순히 용돈을 버는 아르바이트가 아닌 생계수단이었다. 그리고 당시의 아르바이트라면 건설 현장의 잡부나 신문 배달 정도밖에 없어 대안을 찾기도 힘든 상황이었다.

이렇게 실의에 빠져 있던 나에게 다시 구원의 손길이 왔다. 그간 나의 행동을 유심히 보아온 학부모 한 분이 연락을 준 것이다. 구로공단에서 사업하여 자수성가한 분이었는데 아들이 나를 워낙 따르니 단독으로 과외를 계속하자는 것이었다. 그것도 6만 원의 과외비를 주겠다는 파격적인 제안이었다. 달리 선택의 여지도 없었던 나는 감사히 아이를 맡았다. 얼마간의 시간이 지나자 그 집의 6학년 동생까지 맡게 되어 12만 원을 받으며 입대 전까지 계속 아이들을 가르쳤다. 과외는 제대 후에도 가성비 좋은 선생으로 소문이 나 계속 소개가 이어졌고, 대학 시절 내내 월평균 2팀에서 3팀의 과외를 하며 생활비를 충당할 수 있었다.

3년의 군 복무를 마치고 나왔을 때는 집안 형편이 오히려 더 어려워져 있었다. 밑에 여동생들도 모두 고등학생이거나 대학 진학을 목전에 두고 있었으므로 어머니는 동생들만으로도 버거운 형편이어서 내 일은 스스로 해결해야만 했다. 막막하고 참담한 심정뿐이었다. 남들은 가고 싶지 않은 군대가 나에게는 고단한 생계유지를 해결해준 고마운 곳이었는데, 막상 제대하고 나니 복학까지 남은 6개월 동안 당장 몸을 의탁할 곳조차 없었다. 독서실(그 시절에는 독서실에서 24시간을 보낼 수 있었다)에서 새우잠을 자며 절박한 심정으로 노량진 직업소개소를 찾아갔다. 그곳에서 상도동에 있는 슈퍼마켓 배달 일을 소개받았다. 숙식 제공에 하루 12시간 배달하고 월 8만 원을 받는 조건인데, 일을 잘해 3개월을 넘기면 그 후부터는 15만 원으로 인상해준다는 제안이었다. 당시 내 형편으로는 선택의 여지가 없었다. 맥주를 자전거에 실어 노량진, 영등포 지역에 있는 야간 업소에 배달하고 빈 병을 회수하는 것이

주 업무인데 만만치 않은 일이었다. 업소들이 주로 지하에 있어 맥주를 상자째 들고 오르내리는 것은 요령과 근력이 필요한 일이었고, 무엇보다 배달 수입만으로는 복학에 필요한 학비를 벌기에 절대적으로 부족했다.

이런 사정을 잘 알고 있던 친구에게서 연락이 왔다. 건축업을 하는 아버지가 경기도 용문산 근처에서 별장 공사를 하고 있는데 낮에는 공사를 도우며 심부름하고 저녁에는 현장 자재를 지키는 건설 현장 경비를 하지 않겠느냐는 것이었다. 인적 없는 산중 공사 현장에 텐트를 치고 밤을 보내야 한다는 사실이 무서웠지만 제시한 월 보수가 35만 원이나 되어 나로서는 더 고민할 것도 없어 그저 감사한 마음으로 제안을 받아들였다. 나중에 알고 보니 이 고마운 제안도 군대 가기 전 첫 과외 아르바이트를 알선해준 분이 과외할 때 최선을 다하는 내 모습을 기억했다가 소개해준 것이었다. 세상은 그렇게 연결되어 있었다. 이렇게 나의 첫 과외 아르바이트는 계속 연결되어 대학을 졸업할 때까지 기적처럼 단 한 달도 끊어지지 않았다.

1984년 5월, 비가 추적추적 내리던 어느 날 나는 청량리역에서 기차를 타고 용문산 근처의 건설 현장으로 갔다. 허름한 가방 하나와 군용 텐트, 등산용 버너와 코펠을 지고 산비탈 언덕길을 올라가는 내 모습은 처량하기 그지없었을 것이다. 현장에 도착하니 산기슭의 황량한 공사 터에 시멘트와 철근, 각종 건축자재가 널브

러져 있었다. 나는 먼저 넉 달간 기거할 임시 거처를 만들기 위해 울퉁불퉁한 맨땅 위에 널빤지를 얹고 현장에 있던 스티로폼을 깐 후 허름한 군용 삼각 텐트를 쳤다. 낮에는 현장 노동자들과 함께 땀 흘리느라 괜찮았지만 문제는 밤이었다. 왁자지껄하던 현장이 밤이 되면 적막강산으로 변해 무서웠다. 저 멀리 여우 목장의 여우 울음소리도 신경에 거슬렸다. 좀 떨어진 곳에 마을이 하나 있었지만 아는 이 하나 없으니 말 그대로 첩첩산중에 혈혈단신인 셈이었다. 다행히 노동의 고단함과 저녁 반주 한 잔 덕에 바로 곯아떨어져 외로움과 두려움을 덜 느끼고 잠들곤 했다. 여름이라고 해도 5월부터 8월까지 이어지는 산속 기온은 일교차가 심했다. 샤워 시설도 없는 산속에서 등산용 버너와 코펠로 살아가는 모습은 가관이었다. 다행히 공사 시작 2개월 후 외부 골조 공사가 대충 마무리되어 텐트 생활을 청산하고 거처를 실내로 옮기니 한결 나았다.

　그렇게 넉 달의 공사 현장 경비 일을 무사히 마치고 100만 원이 넘는 거금을 손에 쥐었다. 나는 개선장군처럼 돌아와 복학할 수 있었다. 당시 한 학기 등록금이 50만 원 정도였으니 100여 만 원의 돈은 복학 후 얼마간 독서실에서 버틸 수 있게 해주었다. 그렇다 해도 복학 후 한 달도 쉬지 않고 일을 해야 했다. 그렇게 열심히 생활했는데도 졸업할 때쯤 6학기 등록금에 해당하는 300만 원의 대출금을 안고 사회생활을 시작해야 했다. 어머니가 입학 때 마련해준 등록금과 용문산 공사장에서 마련한 등록금 외 나머지는 모두 대출로 해결했기 때문에 취업 후 상당 기간에 걸쳐 대출금을 상환하였다.

나는 졸업 후 빚에 허덕이는 요즘 젊은이들의 심정을 충분히 이해하고도 남는다. 요즘은 한 학기 등록금이 대략 400만 원 정도이고 월세를 포함한 한 달 생활비를 대략 100만 원 정도로 잡는다면 연간 2,000만 원이 필요하다. 그러니 집안의 원조가 없다면 아르바이트로 월 150만 원 이상을 벌어야 하는 셈이다. 이렇게 아르바이트에 매달려 겨우 대학을 졸업해도 미래는 고달플 수밖에 없다. 나 또한 그랬다. 나의 대학 시절은 아르바이트를 한 기억뿐이다. 대학생들에게 흔한 MT도 졸업 여행도 가지 못했다. 아르바이트가 끊기면 어쩌나 하는 마음에 늘 불안하고 초조한 시간을 보냈다.

겉으로는 멀쩡하고 태연했으나 생존에 대한 걱정으로 내 영혼은 병들고 지쳐가고 있었다는 것을 나중에 알게 되었다. 그렇게 미래에 대한 아무런 준비 없이 그저 하루하루 생존을 위해 발버둥치다 대학을 졸업했다. 고시 공부 찔끔, 각종 자격증 준비도 찔끔, 생존을 책임져야 하는 현실은 아무것도 할 수 없는 막막함의 연속이었다. 결국 취업 시기를 다 놓친 한심한 신세가 되었다. 대학을 졸업하고도 학교 앞 월 5만 원짜리 쪽방에서 대구 출신의 친구와 방세를 절반씩 나눠 내면서 아르바이트로 생계를 이어가고 있을 뿐이었다.

| 입사 |

그러던 1987년 3월경, 취업 시즌도 아닌데 신문에서 '21세기를 함께할 인재를 모집한다'는 한 회사의 채용공고를 보게 되었다. 취업 준비도 제대로 못했고 그 회사에 대해 잘 알지 못한 상태였지만 무작정 원서를 접수했다. 그런데 운 좋게도 서류전형에 합격하고 몇 차례 더 면접을 본 후 최종 합격을 했다. 그렇게 나의 31년간의 보험회사 생활이 시작되었다. 나중에 안 사실이지만 5월 입사는 정시 모집이 아니라 추가 모집이었다. 그래서인지 함께 입사한 100명의 동기는 나이나 경력이 매우 다양했다. 무엇보다 나는 보험회사 영업관리직이 비인기 직종이라는 것을 몰랐다. 보험에 대한 인식이 그리 좋지 않아 보험 영업이 대단히 어려운 직업임을 눈곱만큼도 몰랐다. 아마 내가 보험에 대해 조금이라도 알았더라면 좀 더 기다렸다가 내 전공을 살려 다른 직종을 택하지 않았을까?

그러나 그것은 운명이었다. 입사 후에도 내 생각과는 다른 방향으로 흘러갔다. 나는 본사 근무 아니면 당시 인기 있던 증권부나 융자부로 발령 나기를 원했다. 그런데 수원영업국으로 발령이 났다. 당시 수원을 근무지로 지원한 두 명의 입사 동기가 발령 전에 퇴사해버려 그나마 주소지가 수원에서 가까운 내가 그곳으로 발령이 난 것이었다. 나는 지방인 수원까지 다니고 싶지 않아 그만두고 싶었다. 그런데 당시 수원 국장님의 설득과 권유에 마음을 바꾸고 직장 생활을 시작하였다.

나는 약 8개월의 신입사원 시절을 거치고 바로 지점장으로 발탁되었다. 그 시절을 떠올리면 아직도 그날의 일들이 머릿속에 선명하다. 전당포 같은 2층 사무실에 40대 이상의 설계사 14명 정도가 나를 반갑게 맞이해주었는데, 대학을 갓 졸업한 28살의 나에겐 모두 연세 많은 한참 웃어른 같았다. 예나 지금이나 보험회사에 다니는 설계사분들에게는 힘든 사연들이 많다. 그런 분들과 나는 금세 동화될 수 있었다. 어려운 학창시절을 보냈고 천성적으로 성실한 나를 그분들은 매우 사랑해주었다. 지금까지 살아온 경험들이 바탕이 되어 그분들의 삶을 이해하고 함께하는 데 큰 도움이 되어 서로 간에 괴리감을 느낄 수 없었다.

사실 초등학교 6학년부터 자취 생활을 하면서 오랜 기간 혼자 지낸 시간이 많았던 나는 대인관계가 중요하게 작용하는 영업관리자란 역할에 부족함이 많았고 적성이나 재능에도 맞지 않는다고 생각했다. 그런데도 나는 이것을 이겨낼 몇 가지 자산을 가지고 있었다. 첫째, 아르바이트를 구하고 잃기를 반복하며 절박하게 살아온 나에게 보험회사 영업관리직이라는 안정적인 일자리는 심리적인 안정을 가져다주었다. 둘째, 어린 시절 서울을 갈망했듯 나는 어떤 상황에서도 더 나은 삶을 살고자 하는 에너지가 있었다. 셋째, 무엇보다 농사꾼의 자식으로 학창시절 내내 개근한 성실이란 무기가 있었다. 마지막으로 성적이 오르지 않으면 바로 잘릴 수 있는 과외교사 생활에서 우등생이 아닌 아이들과 씨름하며 가르친 경험이 꽤 오랜 시간 있었다. 힘든 시간을 버티며 쌓아온 이런 자산들이 영업관리자로서 역할을 잘 수행하게 해주었다.

어린 시절의 가난했던 시골 생활은 열악한 환경의 설계사분들과 공감할 수 있게 해주었고, 자취 생활의 고단함은 살림하는 주부의 고충을 이해할 수 있게 해주었다. 무엇보다 보험 영업을 통해 이 지긋지긋한 가난에서 벗어나고 싶다는 공통의 갈망이 열심히 일하게 하는 에너지가 되었다.

그러나 처음 얻은 안정된 직장이라 물불을 가리지 않고 일을 하다 보니 갑자기 건강에 이상이 왔다. 건강 체질에 감기 같은 잔병치레조차 없었는데 며칠 동안 계속 배가 아팠다. 소화제를 먹어도 차도가 없어서 어쩔 수 없이 병원에 갔더니 의사는 당장 입원을 해야 한다고 했다. 오랫동안 누적된 과로와 영양 불균형으로 인해 급성 간염과 가슴막염, 신장염 등 각종 합병증으로 상태가 심각하다고 했다. 그동안 나는 입사 후에도 학창시절 지속해온 아르바이트를 주말이나 출근 전후인 새벽과 밤을 이용해 병행하고 있었다. 그 당시 어머니와 가족들이 시골 생활을 청산하고 서울 근교로 옮겨왔는데, 평범한 회사원의 수입으로는 생활비를 감당하기 어렵기도 했고, 오랜 시간 나를 믿고 지탱해준 학생들을 위해 잘 마무리해주고 싶은 바람도 컸기 때문이었다. 생계를 책임져야 한다는 절박함에 내 몸이나 건강 따위를 돌볼 생각은 도무지 안중에도 없었고 그저 악착같이 살았다. 그때 큰 병원에 가서 제대로 치료받았으면 충분히 완치되었을 텐데 나는 그렇게 하지 못했다. 어떤 경우에도 출근해야 한다는 강박감에 휴직이나 병가를 낼 생각조차 못했다. 사무실에서 가까운 병원에 입원한 상태로 아침이면 출근하여 바쁜 시간을 보내고 다시 병원으로 들어가서 잠시 쉰 뒤 설계사들이 모이는 석회 시간에 다시 사무실에 가서 일을 마치고 나서야 병실로 돌아가곤 했다. 병실이 휴식을 겸한 나의 거처였던 셈이다.

내가 그렇게 한 데는 나의 성실성과 근면성 탓도 있었지만, 당시 사회 분위기도 성실성을 높이 사고 중요하게 여기던 시절이었다. 초등학교 1학년 때였다. 홍역을 앓아 고열과 온몸의 붉은 반점 때문에 등교를 못하고 집에 있었는데, 출타했다가 돌아오신 아버지가 크게 역정을 내셨다. 비까지 내리는 날이었는데도 나를 지게에 지고 가 학교에 내려놓으셨다. 그때 하셨던 말씀이 지금도 귓가에 생생히 울린다.

"학생은 죽어도 학교에서 죽어야 한다. 우등상은 타고난 머리가 필요하지만 개근상은 자기 노력으로 탈 수 있다."

아버지의 이런 맹목적인 교육관 덕에 우리 집에서 결석은 절대 안 되는 일이어서 자연스럽게 개근상 수상이 집안의 전통이 되었다. 그날은 오히려 선생님이 난감해하셨다. 오한으로 벌벌 떨고 게다가 홍역이란 전염병을 앓고 있는데도 죽어도 집에 못가겠다 우기니 얼마나 난처하셨을까? 결국 선생님은 나에게 출석으로 인정해주겠다며 몇 명의 친구들에게 나를 집에 데려다주라고 하셨다.

이런 이야기도 있다. 막 입사했을 때 한 선배 국장이 후배들을 위한 특강에서 남긴 전설 같은 이야기다. 그분은 근무 중 집에 불이 났다는 아내의 전화를 받았다고 했다. 그런데 불났으면 119에 전화해야지 왜 자기에게 전화했느냐고 화를 내고는 계속 일을 했다는 무용담이다.

이런 회사 분위기와 나의 정신 구조로 보면 몸이 좀 아프다고 출근을 안 하는 것은 상상도 못 할 일이었다. 아무튼 나는 약 45일간이나 입원해야 하는 심각한 상태였는데도 마음이 불편해 편안한 요양을 하지 못했다. 저녁이면 여직원과 팀장들을 병원으로 불러 업무를 상의하면서 버텼다. 그래서인지 입원한 3개월 동안에도 수원국 내에서 우리 지점이 연속 1등의 실적을 냈다. 하지만 그렇게 건강에 무신경하여 완치할 수 있는 병을 키워 만성 간염이라는 평생 지병을 안게 되었다. 그 후 30년간 정기적으로 병세를 점검하며 살아야 했고 작년에야 겨우 완치 판정을 받았다.

내 부족한 능력과 경험에도 단순하고 열심히 일한 덕에 성과는 좋았다. 온 힘을 다해 일하는 나를 보며 함께한 사원들도 최선을 다해주었다. 무엇보다도 오랫동안 시달려온 경제적 불안정에서 해방되고 열심히 일한 결과에 대해 인정도 받으니 나는 일에 더욱 몰입할 수밖에 없었다.

| 국장에서 총괄 영업 부사장까지 |

나는 영업 현장을 떠나 본사 근무를 원했다. 그러나 입사 후 7년 동안 영업 현장에서 지점장으로 줄곧 우수한 실적을 내는 나를 회사는 옮겨주려 하지 않았다. 예나 지금이나 한 개인의 바람보다는 조직의 실적이 우선이다. 대신 회사는 파격적으로 만 35세인 나를 영업국장(지금의 지역단장)으로 발탁했다. 전임 국장이 50대 부장급이었는데, 35살의 초임 과장이 발탁되었으니 충격적인 일이었다. 그렇게 시작한 국장직을 11년 반 동안, 세 번은 실적이 부진한 곳에서 한 번은 실적이 우수한 곳에서 근무하다가 2005년 12월 말 임원 승진과 함께 지역 본부장 명을 받았다. 지점장에서 단장으로 승진할 때도 그랬듯이 임원도 3년에서 5년 선배들과 함께 승진했으니 파격적인 인사였다. 임원 승진은 그간의 노력에 대해 보상받는 느낌이어서 참으로 기뻤다. 임원 승진 후 3년간 맡은 중부지역본부와 광주지역본부는 부임 당시 전국에서 가장 부진한 지역이라서 승진의 기쁨보다 부진한 영업 실적을 끌어올리기 위해 사투를 벌여야 했던 기억이 더 크게 남아 있다. 지방의 텅 빈 사택에서 퇴근 후 매일 업적 부진의 스트레스를 홀로 감내해야 했다. 2006년 1월 31일 밤, 나를 독려하며 채찍질하기 위해 금연을 결심했다. 그리고 힘든 일을 함께하면서 정이 드는 것처럼 어려운 난국을 헤쳐 나온 직원들과 깊은 우정과 사랑을 쌓아갔다. 두 곳 모두 부임할 때보다 성장한 상태에서 떠날 수 있어서 지금도 함께한 동료 한 사람 한 사람이 좋은 기억으로 뚜렷이 남아 있다.

3년의 지방 근무 후 드디어 본사 발령을 받았다. 그런데 기대와 달리 본사 남성 채널을 맡게 되었다. 줄곧 주력 채널인 여성 채널 기관장을 해온 나로서는 규모도 작고 존재감도 약한 남성 채널로 이동하는 것은 상대적인 상실감을 주었다. 그러나 천성적으로 지닌 긍정 마인드로 금세 마음을 다잡고 주어진 업무의 장점만 보기로 했다. 역시 새로운 세계가 보이기 시작했다. 지역 본부장이 한 지역만을 관리하는 것에 비해 남성 전속 영업 채널은 비록 규모는 작아도 전국을 관리하는 조직이고, 기획과 예산집행까지 모두 해야 하는 사업부이기에 참모 경험이 부족한 나에게는 최적의 보직인 셈이었다. 그렇게 시작한 남성 채널에서 2년간의 사업부장 경험이 또 다른 변곡점이 되었다. 전체를 관리하는 본사의 메커니즘을 알게 되었고, 참모 경험이 없다는 우려를 씻어낼 절호의 기회가 되었다. 이곳에서 재임하던 중 조직과 실적을 거의 2배로 성장시켰고 새로운 채널도 구축했다. 근무했던 곳을 떠나면 늘 행복한 기억으로 남지만, 특히 남성 채널에서 보낸 2년은 나에게 가장 행복한 기억으로 남아 있다.

본사 남성 채널 2년 근무 후 다시 강북지역본부장으로 복귀했다. 강북지역본부는 가장 오래된 본부로 사원이나 기관장 모두 나이가 많고 수도권의 다른 지역에 비교해 보험 성장성이 떨어지는 지역으로 실적이 부진했다. 모든 일에는 관점에 따라 달리 보이는 경우가 많다. 당장 새로 맡은 본부의 상황을 바꿀 수는 없었지만 내 마음은 바꿀 수 있었다. 나는 단점을 장점으로 바꾸어 생각했다. 즉 '사원의 나이가 많은 것은 안정적이라는 걸 의미한다. 기관장이 선임이라 아이들 학비 등 돈이 더 필요할 테니 젊은 열정은 식었어도 간절함은 더 클 것이다. 시장이 안 좋으면 더 뛰면 된다'는 식으로 말이다. 나는 늘 그렇게 어제보다 오늘을 생각해왔다. 지금 내가 할 수 있는 것만 잘해도 할 일이 너무 많았다. 먼저 본부장이 앞장서서 고객과 직접 만남을 시도했다. 소위 VIP 마케팅이란 것을 실천한 것이다. 그때까지 보험 업계에서는 주로 설계사가 고객관리를 하는 것으로 여겨지던 때였다. 최소한 우리 회사는 그랬다. 내가 24년 동안 영업관리자로 근무하면서 만난 고객이 1년에 10명도 안 됐으니 말이다. 그런데 강북본부에서만 매월 10명 이상을 방문하여 만났고, 이 경험은 회사의 영업 문화를 바꾸는 계기가 되었다. 이는 전보다 더 고객을 우선으로 하는 영업 정책을 수립하게 만들었다.

　2년 후 회사의 최고의사결정기구인 실 본부장 회의의 구성원인 고객지원실장으로 발령이 났다. 그저 현장 영업을 전부로 알고 앞만 보고 달려온 나에게 새로운 시각을 갖게 해준 기회의 시간이었다. 고객지원실 업무에 문외한이었지만 내가 할 수 있는 일에 집중하고 모르는 분야는 그것을 잘하는 직원에게 믿고 맡긴다는 원칙을 충실히 따랐다. 나보다 더 잘 아는 직원에게 전권을 맡겼더니 그들은 더욱 신명나게 일했고 결과는 당연히 좋았다. 1년 후 다시 보직이 바뀌어 퇴직연금본부장으로 이동했는데 이 분야는 정말 생소한 분야였다. 각 기업체의 퇴직금을 관리하는 B2B 영업으로 접대가 거의 주업무였다. 퇴직연금은 상품 경쟁력뿐 아니라 별도의 경쟁력이 없는 제도인지라 관계 마케팅이 중요해 접대가 일상일 수밖에 없었다. 나는 간도 안 좋고 술에 자신이 없었기에 난감한 일이었다. 그래서 내가 잘할 수 있는 일에 집중하기로 하고 모든 접대를 주말 골프로 일원화했다. 역시 고객들의 높은 평가를 받아 성과를 낼 수 있었다. 자신의 한계를 인정하는 솔직함은 어디서나 통하는 진리였다.

그렇게 1년이 지나고 2014년 가을이 되었을 때 회사의 미래 생존과 지속 성장을 위한 컨설팅 이후 대대적인 희망퇴직이 시행되었다. 약 800명의 직원이 퇴직하고 100여 개의 점포를 통폐합하는 큰 변화가 있었다. 퇴직한 직원들이 대리점을 개설하여 많은 영업사원을 스카우트하는 바람에 설계사들이 연쇄 이동하는 엄청난 변화를 겪었다. 그런 상황에서 나는 개인영업본부장으로 임명되었다. 개인영업본부장은 영업조직의 최정점에 있는 보직으로서, 2만 명의 영업사원과 수천 명의 내근직을 관리하는 막중한 책임이 수반되는 자리이다. 사원들의 퇴직으로 점포가 축소되고, 설계사가 이탈했다고 해서 사업 목표가 줄어드는 것은 아니니 참으로 고통스러운 나날이었다. 그러나 긴 세월 함께 동고동락한 선후배들의 무한 믿음 덕에 위기를 잘 관리하고 안착할 수 있었다. 그렇게 2년 반이 지나고 나는 영업총괄 부사장이 되었다. 개인영업, B2B 영업, 고객지원 업무까지 관장하는 막중한 중책을 맡았다.

참으로 감사한 일이며 개인적으로 기적 같은 일이었다. 그런 가운데 30년 근속 기념패도 받았다. 대학 졸업 후 지원한 첫 번째 회사에서 회사의 주인이 세 번이나 바뀐 가운데 한 세대 동안 근무했으니 이만한 행복도 흔치 않을 것이다. 그리고는 마침내 2018년 연초 퇴임을 하게 되었다. 회사에서 이루고 싶은 꿈이 아직 많았지만 그것은 후배들의 몫으로 남기고 31년 직장 생활에 마침표를 찍었다. 그리고 나는 지금 모처럼 새로운 출발을 위한 안식의 시간을 보내고 있다.

1부

어제보다 나은 삶을
향한 에너지

나는 지금까지 살아오면서 어제보다 나은 삶을 향해 끊임없이 나를 움직이게 하는 에너지가 작용하고 있다는 생각이 들었다. 그 에너지를 뭐라고 꼭 집어 말하기는 어렵다. 일단 열망이라고 해두자. 어떻든 그 에너지가 내가 어린 시절 시골 생활을 탈출하게 해주었고 학창시절의 고단함을 견디며 학업에 열중하게 해주었고, 사회문제에 더 깊은 관심을 두게도 해주었다. 직장 생활을 시작한 이후로는 끊임없는 노력으로 부족한 부분을 보완하여 성공을 꿈꿀 수 있는 경쟁력의 원동력이 되기도 하였다. 그런 에너지는 과연 무엇일까?

전쟁을 경험한 부모 세대에게는 전쟁 공포로부터 생긴 에너지와 가난을 극복하려는 에너지, 즉 생존 에너지가 공통으로 자리하고 있다. 반면에 산업화와 민주화를 경험한 우리 시대는 성공과 성취에 대한 에너지가 중요하게 자리 잡고 있다. 이러한 에너지가 사회로부터 생겨난 보편적 에너지라면 지극히 개인적인 에너지도 있다. 가난 극복의 에너지가 큰 사람, 권력에 대한 에너지가 큰 사람, 공명심에 대한 에너지가 큰 사람 등이 그것이다. 과거 세대의 에너지와 지금 세대의 에너지가 같을 수 없듯이 나와 내 아이들의 에너지도 같을 수 없다. 그러나 어떠한 경우라도 에너지는 필수적이다. 마치 자동차에 기름이 없으면 자동차가 멈추듯이 인생의 에너지가 없으면 인생도 멈추게 된다.

어제보다 나은 삶을 위해 나 역시 지난 세월을 마라토너처럼 쉼

없이 달려왔다. 그렇게 열심히 달릴 수 있었던 힘은 어디에서 나온 것일까? 때로는 지쳐서 주저앉고 싶을 때도 있었지만 그럴 때마다 나를 이끈 무엇인가가 있었다. 원동력이 되어준 내 인생 에너지를 한 가지로 단언하기는 어렵다. 생존을 위한 보편적인 에너지도 있었고 나를 좀 더 경쟁력 있는 사람으로 만들고자 하는 자기계발 에너지도 있었고 좀 더 품격 있는 사람이 되고자 하는 에너지 등이 복합적으로 작용해 나를 움직였다. 나는 나를 움직였던 에너지와 누구에게나 적용될 수 있는 여러 에너지에 대해 늘 관심을 가지고 살아왔다. 나는 직장 생활 내내 사람들이 각각 가지고 있는 에너지를 찾아내고 일깨워주고 활성화하는 데 많은 관심을 기울였다. 사람 중에는 남을 칭찬하고 격려하고 단점보다 장점을 이야기하여 나에게 에너지를 업시키는 사람이 있고, 반대로 주로 지적질하고 단점을 이야기하여 남의 에너지를 다운시키는 사람이 있다. 그리고 본인이 에너지를 업시키는 유형인지 다운시키는 유형인지를 성찰해볼 필요가 있다. 누구나 좀 더 성공적인 삶을 살고 싶다면 자신을 움직이는 에너지들을 성찰하고 남에게 긍정의 에너지를 주는 사람이 되는 것이 중요하다고 믿는다.

1장
보편적 에너지

보편적 에너지란 행복하고 싶은 에너지, 꿈과 비전이 이끄는 에너지, 인정받고 싶은 에너지, 경제적으로 자유롭고 싶은 에너지와 같이, 정도의 차이는 있지만 사람이라면 누구나 공통으로 가지고 있는 에너지이다.

1. 행복

행복을 추구하는 에너지

나에게 왜 사느냐고 물으면 아리스토텔레스가 "인생의 목적은 행복이다"라고 했듯이 나는 '행복하기 위해서'라고 답한다. 행복이 무엇이냐고 물으면, 나에게 행복이란 '기쁜 감정과 만족감'이라고 말한다. 그래서일까? 나는 어려서부터 본능적으로 기쁜 감정을 맛보기 위해 노력했다. 딱지치기의 고수가 되어 딱지를 한 천 장쯤 가지면 바랄 게 없을 것 같아 매일 흙먼지를 뒤집어쓰며 연습에 몰두했다. 구슬치기할 때는 구슬치기를 잘하기 위해 노력했다. 초등학교에 다니게 되면서부터는 시골을 탈출하여 서울로 가기 위해 내가 할 수 있는 노력을 다했다. 좋은 성적을 내기 위해, 좋은 대학에 진학하기 위해, 좋은 일자리를 얻기 위해 노력했다. 그리고 회사에서는 열심히 일해서 인정받고 싶어 노력했다. 더 좋은 집, 더 좋은 차를 갖고 싶었고 그로부터 얻어지는 뿌듯한 기분은 언제나 기쁘고 만족스러웠다.

어떤 사람은 더 많은 재산을 모으기 위해 애쓴다. 재산이 모일 때 가장 큰 기쁨을 맛보기 때문일 것이다. 또 어떤 이는 더 높은 권력이나 지위를 갖기 위해 인생을 걸기도 하고, 어떤 사람은 자식의 성공에 전심전력한다. 그것이 행복을 가져다준다고 믿기 때문이다. 나는 사람들을 열심히 살아가게 하는 가장 큰 에너지가 바로 행복을 추구하는 에너지라 생각한다. 현업에 있을 때 강의를 할 기회가 많았는데 듣는 사람들이 가장 공감하고 동의했던 부분이 바로 행복을 추구하는 인간의 에너지와 일을 통해 얻는 행복의 조건들이었다.

일을 통해 얻은 행복의 조건

성인이 된 이후 나는 무엇보다도 경제적으로 안정되어갈 때, 회사에서 능력을 인정받을 때, 좀 더 나은 공간으로 이사했을 때, 아내와 아이들과 화목할 때, 동료나 친구들과 우정을 나눌 때, 즐거운 취미 생활을 할 때, 신앙적으로 안정될 때 행복감을 느꼈다. 지금도 난 좀 더 보람 있고 만족스러운 인생을 꿈꾼다. 늘 만족을 주는 조건들을 개선하고 나아지게 하려고 나의 잠재된 에너지를 사용해왔다. 나는 행복을 주로 상대적인 것으로 이해했다. 말하자면 행복을 느끼게 해주는 여러 가지 조건들이 있고 그러한 조건들이 채워질 때 완전한 행복을 얻는 것이다. 그리고 그 행복은 성공에서 얻어지는 것으로 이해했다. 대부분 사람들도 행복감을 느끼는 여러 조건이 있고 이러한 조건들이 채워질 때 만족감과 행복감을 느낀다. 그래서 사람들은 지금보다 더 나은 미래를 위해 고군분투

하는 삶을 기꺼이 감내한다.

그렇다면 행복의 조건들은 어떻게 충족될까? 백화점에서 돈을 주면 살 수 있을까? 아니면 누구에게 빌릴 수 있는 것일까? 아니다. 그것은 대부분 땀 흘려 일하거나 노력을 통해 얻는 것이다. 그렇기 때문에 땀과 노력을 많이 쏟는 일을 통해 얻어지는 경우가 많다. 결국, 일이 있고 일에서 성과를 내는 사람을 성공한 사람이라 하고, 그들이 행복의 조건들을 얻을 수 있으니 행복은 일을 잘하는 것과 연관이 있을 수밖에 없다. 그런데 회사를 떠나고 보니 나를 지탱해준 행복의 조건들이 없어지거나 흔들렸다. 제일 먼저 사원증을 반납했고, 그다음은 법인카드, 자동차, 기사, 사무실, 명함, 골프회원권, 헬스회원권을 반납했다. 나를 만족시키고 열심히 일한 대가로 주어진 보상들이 모두 일거에 사라졌다. 누린 만큼 반납할 것도 많았다. 동료와의 관계는 달라졌고 친구나 주변 사람과의 관계도 재정립이 필요했다. 좋아하는 취미도 영향을 받았다. 나에게 행복감을 주었던 외적 조건들이 사라져버린 셈이다. 그래서 정치인이든, 사업가든, 공직자든, 목회자든 연예인이든 모두가 왜 퇴장을 두려워하고 현직을 조금이라도 더 유지하려 하는지 이해가 되었다. 미리 은퇴를 예상하고 각오했으나 막상 닥쳐오니 받아들이기가 쉽지 않다.

또 다른 행복

그렇다면 직업이 없으면 행복도 없이 인생이 끝나는 것인가? 절대 그렇지 않다. 행복감에는 성공을 통해 얻어지는 상대적인 행복감 말고도 더 나은 삶을 추구하는 또 다른 행복, 즉 절대적 행복이 분명히 존재한다. 신은 인간을 행복하게 지내라고 만드셨고, 인간이 행복할 수 있는 것들을 수도 없이 준비해놓으셨기 때문이다. 퇴직하고 보니 예전에는 미처 못 느꼈던 것에서 새로운 행복에너지를 느끼곤 한다. 회사 행사나 접대를 위해 가던 고급 식당의 음식도 좋았지만 다정하게 가족과 둘러앉아 소박한 된장찌개를 먹는 것도 행복이다. 아이들이 어릴 때 함께 보낸 시간이 적어 아쉬웠는데, 어느덧 성인으로 자라 직장 다니는 딸을 출근시켜주면서 대화를 나누는 시간이 좋다. 사소하지만 아버지의 역할을 한다는 행복감이 크다. 아내와 함께 시장을 다니면서 무거운 것을 들어주는 일도 내겐 기쁨이다. 늘 이른 시간에 일어나 부랴부랴 출근하기 바빴는데, 이젠 느긋하게 책을 읽으며 시간에 쫓기지 않는 여유로운 아침 시간이 행복하다.

행복의 사슬

행복감은 사슬처럼 연결된 것 같다. 학창시절 주어진 일에 충실한 사람이 사회에서 더욱 큰일을 잘할 수 있고, 직장 생활을 잘 보낸 사람이 남은 인생도 잘 보낼 수 있다. 동창회에 가보면 학창시절 모범생이었던 친구들이 비교적 무난한 삶을 살고 있는 모습을 본다. 왜 학창시절 모범생들이 비교적 성공적인 삶을 사는 걸까? 그것은 그들이 공부를 잘해서라기보다 학생에게 주어진 본분인 학업에 충실해서이다. 학업에 충실한 것은 학생에게 당연한 일이고 그런 자세가 다음 과정을 위한 행복의 디딤돌 역할을 한다. 따라서 학창시절에는 학교생활을 잘 하고, 사회에 나가서는 사회생활을 잘할 때 그 다음 단계가 행복할 것이라는 사실은 자명하다. 현재 당연히 해야 할 일을 소홀히 하면서 내일의 행복을 찾는 것은 우물물을 퍼다 놓고 바로 숭늉이 되기를 바라는 격이 아닐까?

'HEAR AND NOW'란 말이 있다. 지금 주어진 상황에서 최선을 다하자. 내가 할 수 없는 일 때문에 고민하지 말고 할 수 있는 일이라도 우선 열심히 해보자. 그것이 인생을 행복하게 만들어가는 지름길이라 믿는다. 동물은 배가 부르면 자거나 빈둥거리며 휴식을 취한다. 그러나 인간은 배가 불러도 뭔가를 한다. 인간은 먹기 위해 일하는 것이 아니라 무엇인가 더 나은 것을 얻기 위해 살아가는 존재이기 때문이다. 우리에게 행복감을 주는 여러 조건을 업그레이드시키려 하고 더 나은 삶을 포기하지 않으려는 에너지는 물론이고 소소한 행복을 가져다주는 에너지가 우리 삶을 좀 더 풍요롭고 근사하게 만들어줄 것이다.

2. 비전

비전의 에너지

회사 생활을 할 때 후배들에게 가장 많이 듣는 질문 가운데 하나가 "우리 회사에 비전이 있나요?"였다. 이를 해석하자면 "우리 회사가 내 꿈을 이룰 수 있을 만큼 전망이 좋습니까?"일 것이다. 아마도 자신의 미래에 대한 불확실성과 답답함에서 나온 질문으로 이 회사에 인생을 걸 가치가 있는지 궁금했을 것이라 생각된다. 비전은 우리가 원하는 미래가 가능한지를 구체적으로 전망하고 그려보는 것을 말한다. 그래서 미래에 대해 비전을 수립하고 그려보는 것은 더 나은 삶을 위해 중요한 또 다른 에너지가 된다. 실제로 미래에 대해 자기 나름의 확고한 비전을 그리는 사람은 훨씬 더 열정적으로 삶에 임한다. 그런데 흥미로운 것은 일을 잘하고 성과가 좋은 친구들은 그런 질문을 덜 했다. 아마 우수사원은 이미 자기 비전을 스스로 터득했기 때문인지도 모른다.

나는 어땠을까? 지금까지 회사의 비전을 크게 의심해보지 않았던 것 같다. 주어진 일을 잘하면 미래는 충분히 보상해주리라 믿었기 때문이다. 물론 내가 한참 현장에서 일할 때는 회사도 성장을 거듭했고 시장도 좋아 비전에 대해 크게 의심하지 않아도 되었다. 당시와 비교하면 현재는 상황이 좀 달라졌다. 성장이 둔화되면 회사 내부 경쟁에서 자신의 비전을 찾으려는 경향이 더 강해진다. 그 결과 장래성이 없다고 느끼는 것은 기회가 공정하게 주어지지 않고 자신의 노력이 정당하게 평가받지 못해서라고 여기기 때문이다. 이런 경우라면 장래성이 없다고 의기소침할 수도 있겠다. 아니면 자신의 능력을 지나치게 과대평가해서 오해가 생긴 것일 수도 있다.

조직은 살아있는 유기체와 같아서 비합리적이고 공정하지 않은 방법으로 조직을 운영하면 비전을 제시하지 못해 결코 지속해서 생존하거나 성장할 수 없다. 비전을 주지 못하는 비합리적인 제도나 공정하지 못한 인사 제도, 적절치 않은 평가와 보상 시스템의 문제를 단기적으로는 덮을 수 있겠지만 장기적으로는 절대 유지될 수 없다. 왜냐하면 그것은 사람들에게 중요한 인생의 에너지를 가로막는 일이기 때문이다. 그래서 비전은 리더가 가장 유념해야 하는 대목이기도 하다.

비전의 혼란

요즈음 젊은이들의 가장 큰 고민이 바로 '미래에 대한 비전이 있는가?'가 아닐까 싶다. 앞서 언급한 것처럼 왕성한 성장으로 활력이 넘쳤던 우리 세대는 미래에 대해 희망을 품고 있었고 누구라도 자신의 꿈을 이룰 수 있었다. 그러나 IMF를 경험하고 2008년 금융위기를 겪은 이후 지속되는 저성장, 저소비, 고실업률 등의 뉴노멀 현상이 오래 가면서 지금은 우리 사회가 장래성이 없다는 말을 많이 듣게 된다. 나는 지금의 젊은 세대를 보면 안타깝고 속상하다. 물론 우리 세대보다 덜 가난했고 최소한의 의식주 측면에서는 개선되었지만, 기회의 측면에서 본다면 우리 세대보다 훨씬 적어진 것을 부인할 수 없다. 그들이 곱게 자라서 그렇다는 둥, 눈높이를 낮추지 않아서 그렇다는 둥 이렇게 말하는 사람들의 의견에 나는 동의할 수 없다. 우선 가난을 경험해보지 않은 사람에게 맨주먹정신을 요구하는 것 자체가 무리다. 비교적 어린 시절 고생스러운 세월을 보낸 나도 맨발 투혼을 회복하기 어려운데 한 번도 가난해본 적 없는 사람이 어찌 맨주먹정신을 가지고 악착같이 살아갈 수 있겠는가?

신입사원 면접 때 하는 질문 중 이런 항목이 있었다. '지금까지 살아온 인생에서 가장 힘들었던 시절은 언제이며 그것을 어떻게 극복했는가?' 이 질문의 취지는 다분히 정신력이 얼마나 강한지를 보기 위함인데, 내가 만난 피면접자 대부분은 이 부분에 대한 답이 가장 어려웠다고 했다. 우리 세대는 이런 질문의 답만큼은 차고 넘쳤는데 말이다. 베이비붐 세대인 우리에게는 기회가 많았고 경쟁력을 덜 갖추었어도 말 그대로 정신력으로 어떻게든 버틸 수 있었다. 그렇게 주어진 기회가 버팀목이 되어 내일의 비전을 만들어갈 수 있었다. 그러나 기술이 하루가 다르게 발전하고 있는 오늘 날의 젊은 세대는 경쟁도 더 치열해졌을 뿐만 아니라 기계와도 싸워야 하는 이중고에 놓여 있다. 우리 세대의 사고와 준비로는 바뀐 시대를 따라갈 수가 없다. 내가 재직한 회사만 해도 입사 때와 비교하면 자산은 50배나 늘었는데 인력은 반으로 줄었고 신입사원 채용 역시 어림잡아 1/5로 줄었으니 말하면 뭐하겠는가?

게다가 제4차 산업혁명은 많은 사람의 전통적인 일자리를 빼앗아갈 게 뻔하지 않은가? 우리 주변을 둘러봐도 쉽게 찾을 수 있다. 편리한 하이패스의 출현으로 요금소 계산원의 일자리가 사라졌고 무인 경비 시스템이 경비 인력을 대신했고, 무인주차장, 셀프 주유소, 자동주문 식당 등 기계가 인력을 대체한 곳이 수없이 많다. 문제는 앞으로 기술 발전으로 새로운 일자리도 생기겠지만 더 많은 전통적인 일자리가 기계로 대체될 것이 분명하다는 사실이다.

난 은행에 가지 않은 지 오래되었다. 모바일 결제 시스템으로 은행에 가지 않아도 은행 업무를 볼 수 있다. 스마트폰 하나면 안 되는 게 없는 세상이다. 뉴스 검색, 쇼핑, 문서 작업, 영화 감상, 공연 예약 등 거의 모든 것이 가능하다. 작은 스마트폰이 이미 수많은 일자리를 집어삼키지 않았을까? 이쯤 되면 기술의 발전이 오히려 우리의 비전을 없애는 괴물이 된 듯도 하다.

비전의 변화

시대와 사람에 따라 비전은 달랐다. 고도성장기를 살아온 우리 세대들은 흔히 성공이나 출세를 비전이라고 생각했다. 그러나 비전에 대한 패러다임도 바뀌어 지금은 우리 시대의 비전이 자식 세대에 그대로 적용될 수 없는 것 같다. 과거처럼 단순하거나 획일적이지도 않다. 그래서 기업이나 국가도 변화한 세상에 맞는 비전을 제시하고 개인도 시대에 걸맞은 자신만의 비전을 수립함으로써 삶의 에너지를 충전해야 한다. 이를테면 이전 세대와 우리 세대의 강력한 에너지였던 가난 극복이나 반공 이데올로기, 민주화의 비전 등은 오늘날 젊은 세대들에게 비전이 되지 못한다. 그러므로 우리 세대의 비전을 다음 세대에게 제시하는 것은 맞지 않는 일이다.

과거에는 생각지도 못한 의식들이 오늘날에는 별 저항 없이 받아들여지는 사회 현상이 참 많은 것 같다. 높은 이혼율, 늦어진 결혼 적령기, 낮은 출산율, 요양병원이나 요양원에 대한 거부감의 감소 등 과거와는 다른 가치관들이 어느덧 우리에게 자연스러운 현상이 되었다. 지금처럼 2대가 은퇴하거나 3대가 곧 은퇴할 가정에서 지금과 같은 경조 문화도 유지될 수 없을 것이다. 사회는 그 시대를 살아가는 사람들에 의해 변하게 마련이고 사람들은 적응할 수밖에 없는 법이다. 그것을 거부하거나 무시하면 도태될 수밖에 없다.

새로운 비전

고도성장기에 형성된 가정교육, 교육제도, 노동제도, 사회시스템 등이 지금도 여전히 유효한가에 대해 진지하게 고민할 때가 왔다. 이전 세대의 사고방식과 생활방식, 가치관이 과연 다음 세대의 꿈과 비전에 도움이 될 것인지 깊은 성찰이 필요하다. 앞서도 말했지만, 비전은 개인의 영역에서만 해당하는 것이 아니다. 국가와 사회가 제시할 의무가 있다. 그러므로 나는 새로운 변화에 걸맞는 비전을 제시하는 일이 우리 세대의 책무라고 생각한다.

예를 들어 내 친한 후배의 딸은 일류대를 다니다가 학교를 그만두고 새로운 세상을 만들겠다며 청년 정치 운동에 투신하여 자기 길을 개척하고 있다. 또 내가 다니는 미용실 젊은 남자 원장은 남들이 부러워하는 대기업에 근무하다가 평소 관심 있던 미용에 도전하여 지금은 은퇴 걱정 없이 즐겁게 일하고 있다.

비전 성취

비전을 성취하기 위해서는 두 개의 눈이 필요하다. 상식적인 말이지만 멀리 보는 눈과 가까운 곳을 보는 눈 모두를 가지고 있어야 한다. 마치 산에 오를 때 산 정상을 상상하며 도전하지만 정작 오를 때는 한 계단 한 계단에 시선을 집중해야만 하는 것과 마찬가지다. 우리 인생도 똑같다고 생각한다. 궁극적으로 이루고 싶은 것, 하고 싶은 것, 살고 싶은 삶에 대한 비전을 구체적으로 그리고, 그것을 실현할 때는 지금 당장 해야 할 일과 마무리할 일을 묵묵히 해내는 자세가 필요하다. 두 개의 눈으로 비전을 그리면서 이를 위해 지금 할 수 있는 일부터 최선을 다하고, 다음으로 내가 가고자 하는 미래에 대해 구체적으로 준비해보는 것이다.

　내 경험이 지금의 세대에게 꼭 맞지는 않겠지만 참고가 될 것 같아 소개한다. 현업에 배치되었을 때 나의 첫 임무는 마대질과 각종 물건을 옮기는 것이었다. 이런 일은 학력에 상관없이 누구나 할 수 있는 일이다. 나뿐 아니라 당시의 신입사원은 대부분 복사나 서류 분류, 회의 준비 등 하찮다고 생각되는 일을 맡았다. 그래서 더러는 대학까지 나와서 이런 일을 하는 자신이 한심하게 느껴지고, 이러려고 대기업에 입사했느냐며 푸념하고 주어진 일을 소홀히 하는 사람도 있었다. 충분히 이해가 간다. 그러나 당시 내 생각은 달랐다. 출근해서 고작 마대로 청소 잠깐 하고, 물건 좀 나르고 퇴근하는데 급여는 내가 건설 현장에서 24시간 일한 것보다 더 많았고, 해고의 염려도 없을 뿐 아니라 깔끔한 양복을 입고 일할 수 있으니 너무 좋고 가슴 뛰는 일이었다. 다른 사람은 별 것 아닌 일이라고 생각했지만 나는 성심껏 했다. 그랬더니 얼마 후 과장님이 나를 불러서 한 달에 한 번 하는 전 직원 합동 조회 준비를 위해 장내 분위기를 정리하라고 했다. 합동 조회는 수백 명의 사람이 모이는지라 회의 시작 전 분위기는 시장터를 방불케 했다. 그래서 사람들을 질서정연하게 유지시키는 장내 정리가 필요했다.

나는 재능은 없지만 열심히 준비하여 게임과 오락 등으로 장내를 깔끔하게 정돈했다. 회의를 위해 입장한 간부들이 평소와 다른 합동 조회 분위기에 놀라며 모두 나를 칭찬했다. 그 후부터는 으레 큰 모임의 장내 정리는 내 몫이 되었다. 이렇게 8개월 정도의 시간이 흘렀을 때 국장님이 나를 부르시더니 곧바로 지점장으로 발탁했다.

내가 국장이 되고 본부장이 되고 나서 깨달은 것은 회사가 허드렛일 시키려고 비싼 급여를 줘가며 사원을 채용하지 않는다는 사실이다. 우선 누군가는 해야 할 일인데 그 일이 신입사원 몫이 된 것뿐이다. 또 OJT 교육 기간은 사소한 일부터 시키면서 그 사람의 됨됨이를 파악하는 평가 기간이기도 했다. 그 후 지점장으로 매 순간을 행복하게 일했는데 지점장 일이 너무 신나고 재미있어 30년쯤 해도 될 것 같았다. 그러나 회사는 계속 나에게 다른 역할을 맡겼다. 35세의 나이에 국장으로 발탁되었고 다시 45세에 지역본부장이 되었으며 그렇게 30년 동안 17개의 보직을 맡았다.

비전 성취라는 것은 분명한 목표의식을 통해 실현되는 바도 있지만, 그보다는 지금 나에게 주어진 일을 얼마나 진정성 있고 사명감 있게 해내느냐에 달려 있다고 본다. 즉 지금 나에게 주어진 임무는 다음 비전으로 갈 수 있는 테스트 또는 디딤돌인 셈인데, 작은 임무도 해내지 못한 사람에게 더 큰 임무가 주어지기는 어렵다는 것이다. 발탁이나 보직 이동을 해야 하는 인사 업무에서 가장 힘든 부분이 지원자는 많으나 그 일에 합당한 사람이 마땅치 않은 것이다. 이유는 간단하다. 모든 자리에는 그 자리에 요구되는 자질이 필요하다. 그러나 그만한 역량을 준비한 사람이 흔치 않다. 기회가 없는 것이 아니라 기회에 합당한 역량을 갖춘 사람이 없는 것이다.

지점장 때의 일이다. 상사들의 장단점을 보면서 만약 내가 저 자리에 있다면 어떻게 할 것인가를 기록하기 시작했고 그런 행동을 습관처럼 오래 지속했다. 이러한 습관은 두 가지 측면에서 내 비전을 실현하는 데 도움이 되었다. 하나는 내가 그 자리에 갔을 때 바로 쓸 수 있는 나만의 구체적인 교본을 만들 수 있었다는 점이다. 상사들의 단점을 반면교사로 삼아 그렇게 기록해가는 과정에서 현재의 일에 집중력을 높일 수 있었고 미래에 대한 자신감이 커졌다. 물론 내가 그 자리에 갔을 때 준비한 것과 100% 일치하지는 않았지만 적어도 그 일을 맡게 되었을 때 적응하는 효과는 컸다. 최근의 경험으로는 내가 회사 영업을 책임지는 최고 자리에 오르면 어떻게 할지를 오랜 시간 준비해왔는데 실제로 그 자리에 갔을 때 많은 도움이 되었다. 반면 내가 전혀 예상하지 못했고 준비도 안 한 상태에서 보직을 맡은 경우에는 준비한 경우와 많은 차이를 느꼈다.

비전 제안

　사람을 가장 신나게 하는 것이 꿈과 미래에 대한 비전이라 했다. 그 비전을 향한 에너지만큼 큰 에너지도 드물다. 그래서 나는 이 비전 성취 메커니즘을 회복해야 한다고 굳게 믿는다. 이를 위해 두 트랙의 고민이 필요하다. 무엇보다 개인과 조직이 모든 고민을 함께 풀어나가야 한다.

　첫째, 가정이나 학교, 사회가 함께 비전 있는 세상을 만들려고 노력해야 한다. 기득권을 줄이고 누구에게나 기회가 공평하게 돌아가는 사회구조를 만들어내기 위해 끊임없는 대화와 노력이 필요하다. 어쩔 수 없는 일이라고, 늘 그래왔다고 체념하거나 포기하면 안 된다. 이 세대에 안 되면 다음 세대에라도 그런 세상이 오도록 노력을 계속해야 한다. 승자 몇 사람의 지나친 독식은 안 된다. 승자의 협박을 두려워해서도 안 된다. 기회를 나누는 노력이 필요하다. 우리나라는 대기업이 망하면 나라가 망한다는 생각에 그들을 옹호하는 경향이 있다. 나도 대기업의 중요성을 절대로 인정한다. 대기업은 국가의 기둥이 되고 수많은 일자리를 만든다. 그러나 그런 사실을 인정한다 하더라도 꼭 이루어졌으면 하는 바람이 있다. 대기업은 보통 기업이 할 수 없는 거대자본이 들어가야 하는 분야에 집중해야 한다. 개인이나 중소기업이 할 수 있는 영역에까지 거대자본을 쏟아부으며 문어발처럼 모든 사업을 지배하는 것은 동의하기 어렵다.

얼마 전 한 강사가 노키아를 예로 들며 이 문제에 대해 이야기한 적이 있다. 노키아는 핀란드 경제에서 차지하는 비중이 기업세금의 20%가 넘을 정도로 막강한 영향력을 가지고 있었다고 한다. 그런데 우리가 보았듯이 노키아가 무너졌다고 핀란드가 무너지지는 않았다. 일시적 고통이 있었겠지만 노키아가 보유했던 기술과 아이템이 또 다른 기회가 되었다. 승자 독식은 사회의 공정성을 깨뜨려 윤리 없는 기업 문화를 만들 우려가 있다.

나는 회사에서 제도 하나, 보상체계 하나, 판촉 하나로도 얼마든지 비전을 줄 수 있다는 것을 경험했다. 사람들은 편한 길과 쉬운 길을 찾기 마련이다. 그러나 쉬운 길, 빠른 길, 편한 길에는 대가를 지불해야 하는 경우가 많다. 한정된 재원을 소수의 엘리트나 소수의 기업에 집중적으로 투입하여 성공 모델을 만들고 낙수효과를 통해 선순환 구조를 만들려는 개발도상국 모델이 일정 부분 효과를 거둔 것을 부인할 수는 없지만, 그런 방식이 이 시대에도 여전히 모든 사람에게 비전을 줄 수는 없다. 그렇다고 경쟁력의 차이가 분명한데 더 능력 있는 사람의 성취동기를 제한하여 경쟁력을 제한하자는 이야기는 아니다.

요즈음 낚시 인구가 700만 명이 넘는다는 기사를 본 적이 있다. 왜일까? 그들은 잡은 물고기를 집으로 가져가기 위해 욕심껏 낚는 것이 아니라 잡은 물고기는 다시 놓아주어 낚시하는 즐거움은 누리되 경쟁적으로 드러내게 되는 소유욕은 내려놓기 때문일 것이다. 이는 잡은 물고기를 모두 내 것이라고만 생각하지 않고 즐거움은 갖되 생명은 자연에게 돌려주어 공유하려는 마음에서 나온 행위라고 본다. 이처럼 누구나 능력을 펼칠 수 있으나 그 결과가 혼자만의 성과가 아닌 사회적 도움으로 더욱 선명하게 나타난 것일 수 있으니 결과물을 사회적 공유물로 인식해야 한다는 생각이다. 무엇보다 지금은 누군가의 희생을 담보로 다른 사람의 비전을 성취하게 하는 방식을 누구도 용납하지 않는 공정한 사회로 진입했다. 그러므로 노력한 만큼 보상을 받는 더욱 투명한 사회가 되어야 한다고 생각한다.

두 번째, 개인의 노력이 필수적임은 말할 것도 없다. 시대를 초월하여 보더라도 꿈과 비전을 성취할 기회는 얼마든지 있다. 8·15 해방과 6·25전쟁으로 이어지는 대한민국은 얼마나 가난하고 혼란스러웠는가? 그런데 오히려 그 시절에 대한민국을 대표하는 기업들이 탄생했다. IMF라는 국가 부도 상황에서 수많은 낙오자가 생겨났지만 그 시기에 기회를 잡은 기업이나 개인이 얼마나 많은가? 이처럼 위기 속에서도 기회를 찾는 희망을 버리지 말아야 한다. 무엇보다도 지금 당장 내가 할 수 있는 일부터 최선을 다하는 것이 중요하다. 위기를 기회로 만드는 일이 어떻게 가능할까? 타인의 시선을 의식하기보다 자신이 잘할 수 있는 일이 무엇인지 파악하여 작은 일부터라도 시작하는 것이 중요하다.

3. 꿈

꿈이 주는 에너지

막 입사했을 때 내가 근무했던 수원영업국에는 생존조사 요원이 두 명 있었다. 그들은 정규직 사원이 아니라서 관리자가 될 수 없는 조건으로, 우리와는 별도의 시스템에서 일하고 있었다. 그래서 우리와는 교류도 많지 않았는데 유독 한 사람은 우리와 관계 맺기에 열심이었고 본인의 업무 외에도 온갖 허드렛일을 도맡아 하는 성실한 사람이었다. 그의 꿈은 영업국 관리과장이 되는 것이라고 말하곤 했다. 그런 지극정성의 노력은 차츰 주변 동료들에게 감동을 줬고, 마침내 동료들의 추천을 받아 지점장으로 발탁되어 정규직으로 전환되었다. 그의 꿈에 대한 열망 덕택임은 말할 것도 없다. 세월이 흘러 그는 지점장 보직으로는 최초로 부장으로 승진되었고 정년퇴직한 후로도 기관장을 계속하고 있으니, 그의 꿈에 대한 에너지가 얼마나 대단한지 알 수 있다.

그뿐만이 아니다. 경영상 불가피하게 단행한 희망퇴직으로 눈물을 머금고 회사를 떠난 수많은 선배와 후배 중, 새로운 꿈을 꾸고 자신이 배운 영업 경험을 바탕으로 보험대리점을 시작하여, 지금은 오히려 회사에 남아 있는 동료보다 더 성공을 거둔 사람들도 매우 많다. 그들은 요즘 같은 100세 시대에 은퇴 없이 활기차게 일하고 있다. 나는 퇴사 후 부족한 컴퓨터 실력을 보완하기 위해 구청에서 운영하는 컴퓨터 강좌를 수강하면서 적잖이 놀랐다. 70~80세 정도 됨직한 어르신들이 컴퓨터를 열심히 배우는 것이었다. 또 헬스클럽에서 매일 만나는 어르신들이 다이어트와 머리숱을 걱정하며 외모에 민감한 것을 보면서 사람에게 꿈이 주는 의미를 다시 생각해보게 되었다.

꿈의 의미

내 삶 역시 크고 작은 꿈들의 결합체다. 많은 사람의 인생도 크고 작은 꿈으로 연결되어 있는지도 모르겠다. 어린 시절의 소소한 바람, 살면서 갖게 되는 크고 작은 꿈, 그리고 그것을 만들어가는 과정에서 얻는 만족감과 행복감이 나에게 에너지를 더해주었다. 꿈에는 보물이 숨겨져 있다. 꿈이 있었기에 고난과 역경을 견딜 수 있었으며 현재가 아무리 암울해도 미래에 대한 희망과 기대감으로 견딜 수 있었다. 사람들은 자신만이 가진 꿈의 에너지를 통해 가난을 극복하거나, 주어진 환경을 이겨내며 원하는 것을 얻고 꿈을 이루어간다. 그래서 지금은 도저히 오지 않을 것 같은 미래라 해도 절대 희망의 끈을 놓지 말아야 한다. 자신의 행복한 미래를 꿈꾸고, 자녀의 미래를 꿈꾸고, 회사의 미래를 꿈꾸고, 모순과 불합리한 일들이 줄어든 사회를 꿈꾸고, 국가의 미래를 꿈꿔야 한다. 그리고 그 꿈은 크면 클수록, 구체적일수록, 간절할수록, 더 큰 에너지 즉, 열정이란 선물을 받게 된다.

인생의 에너지인 열정은 돈을 주고 사는 게 아니라 꿈과 비전이 있을 때 생기는 선물이다. 누군가가 "인류의 과학 문명은 꿈과 상상력의 산물이다"라고 했다. 과학 문명뿐이겠는가. 꿈과 상상력이 없다면 인류 문명의 발전도 없을 것이고, 인류가 겪은 고난 극복도 위대한 진보도 없었을 것이다. 그러므로 인류 문명을 가능케 한 중요한 에너지가 꿈과 상상력이었다 해도 과언이 아닐 것이다. 세종대왕은 백성이 글을 몰라서 겪는 고통을 불쌍히 여겨 누구나 쉽게 쓸 수 있는 문자를 꿈꾸고 위대한 훈민정음을 만드셨다. 하늘을 새처럼 날고 싶은 인간의 꿈이 라이트 형제의 상상력을 통해 비행기를 탄생시켰고, 멀리 있는 사람에게 소식을 빨리 보내고 싶은 벨의 꿈이 전화기를 만들었고, 낮을 밤처럼 밝게 하고 싶은 에디슨의 꿈은 전구를 만들게 하였다. 이외에도 우리가 지금 누리는 문명 대부분은 누군가의 꿈과 상상력의 산물이라 해도 틀린 말은 아니다. 각자 자신을 위해 이루고 싶은 꿈과 가정 또는 사회의 일원으로서 이루고 싶은 꿈이 있는가를 질문하고 점검해봐야 한다.

꿈의 메커니즘

꿈이 만들어지고 이루어져가는 과정에도 메커니즘이 있다.

첫 번째, 꿈이 생기는 단계, 즉 꿈이 시작되는 단계이다. 이 단계는 여러 가지 교육이나 자기성찰 등의 자극을 통해 생겨난 다양한 형태의 바람이나 희망 등이 꿈으로 변하는 단계를 말한다. 이렇게 생긴 꿈들은 대부분 공상으로 끝나기도 하고 개인의 의지와 자극의 정도에 따라 구체화되면서 생명력이 생겨 커지기도 한다.

두 번째, 그렇게 생긴 꿈을 구체화하는 단계이다. 꿈이 생기면 현실적인 부분, 기술적인 부분, 윤리적인 부분, 법적인 부분 등 가능성을 검토하게 된다.

세 번째, 가능성을 검토하여 구체화한 꿈은 현재 자신의 상태와 꿈 사이의 격차를 확인하는 단계를 거치게 된다.

네 번째, 격차의 크기에 따라 포기와 도전을 고민하는 단계이다.

다섯 번째, 네 번째 단계에서 포기하지 않았다면 실행과 피드백을 반복하며 꿈의 완성을 향하여 끊임없이 도전하는 단계이다.

마지막으로 꿈을 쟁취하거나 도전의 실패를 경험하며 새로운 에너지가 형성되는 단계라 볼 수 있다.

놀랍게도 역경을 뚫고 성공한 기업인, 오랜 무명 시절 동안 고생한 연예인, 한계를 뛰어넘는 훈련을 견디어낸 스포츠맨들의 성공담이나 뒷이야기를 통해 그들의 꿈에도 어김없이 이 꿈의 메커니즘이 적용되는 것을 볼 수 있다. 얼마 전 아이를 출산하고 오랜만에 TV 예능프로그램에 출연한 유명한 여자 연예인의 이야기를 들은 적이 있다. 사회자가 그녀에게 아이를 둘씩이나 낳고 살림을 하면서 어떻게 전성기 때의 몸매를 유지할 수 있느냐고 물었다.

사회자도 그렇고 시청자인 나도 특별한 비법을 기대했다. 그런데 그녀의 대답은 맥 빠질 만큼 단순하고 평범했지만, 한편으로 굉장한 공감을 일으켰다. 그 답은 이러했다. 자신은 운동을 싫어하고 사람들과 술 마시는 것을 좋아하기 때문에 배우로서 몸매를 유지하기 위하여 생활 속에서 꼭 실천하는 방법이 있다고 했다. 자신에게는 절대로 양보할 수 없는 한계 체중이 있다고 한다. 그래서 매일 아침 일어나자마자 제일 먼저 하는 일이 체중을 확인하는 일인데, 자신이 설정한 한계 체중을 넘기면 그때부터 목표 체중에 도달할 때까지 굶는다는 것이다. 이 얼마나 단순하고 확실한 방법인가? 하지만 이 단순한 프로세스를 누구나 쉽게 실천할 수 있는가? 먹는 즐거움이 얼마나 크고 배고픔의 고통이 얼마나 큰지를 아는 우리에게는 쉽지 않은 방법이다. 보통 사람과 달리 그 여배우는 자신의 꿈과 직업의식이 멋진 몸매를 유지하도록 자신에게 열정과 에너지를 주었다고 생각한다.

꿈의 종류와 기능

꿈에는 바람직한 꿈과 그렇지 못한 꿈이 있다. 역사적으로 위대한 제국을 건설하거나 훌륭한 업적을 남기거나 놀라운 성과를 낸 영웅들이 아주 많다. 그러나 개인적으로 커다란 업적이라 해도 후세에 미치는 영향력은 제각각 다르다. 개인의 권력욕이 꿈으로 포장된 히틀러와 같은 독재자의 경우는 후대에 씻을 수 없는 고통을 주었고, 반대로 백성을 긍휼히 여긴 세종대왕이나 조국의 독립을 위해 싸운 독립운동가들이 실현한 꿈은 많은 사람에게 희망과 용기를 주었다.

역사 속에서뿐만 아니라 현실에서도 왕왕 나타나는 바람직하지 못한 꿈이 있다. 규모가 큰 조직이나 힘이 강한 사람들이 자신의 꿈이 다른 사람에게도 좋은 영향을 줄 것이라는 착각을 하는 경우가 그렇다. 개인의 꿈과 조직 공동체의 꿈이 일체화된다면 그것은 엄청난 에너지와 시너지를 창출할 것이다. 그렇게 되기 위해서는 자신의 꿈이 나와 타인과 사회에 바람직한 영향을 주는지부터 검토해야 한다. 가슴 뛰는 꿈을 꾸는 것은 한 개인의 가장 큰 능력이고, 부하직원에게 가슴 뛰는 꿈을 꾸게 하는 상사는 훌륭한 지도자임을 기억하자.

꿈의 가능성

꿈은 인간이 가진 잠재력을 끌어내는 에너지이다. 꿈이 없다면 엄청난 가능성이 사라져버리는 것이다. 우리가 경험적으로 알고 있는 열정이란 에너지가 있다. 엄청난 열정 소유자의 공통점은 바로 그들이 이루고자 하는 강렬한 꿈이 있다는 것이다. 꿈이 없는 사람은 열정도 없다. 열정을 선물로 받으려면 꿈이 있어야 가능하다. 꿈은 무에서 유를 창조한다. 꿈이 있기에 전혀 가능해보이지 않은 일을 가능하게 만들고 눈에 보이지 않은 것이나 존재하지 않는 것까지 만들어낸다. 꿈은 불가능해보이는 것을 가능하게 만든다. 수많은 갈등과 엉켜 있는 문제들을 포기하지 않고 해결하도록 도전하게 한다. 꿈은 신이 인간에게 주신 많은 선물 중 하나다. 꿈은 삶을 유지하는 가장 큰 에너지 중의 하나이므로, 꿈을 갖게 하는 것은 사람을 성장하도록 이끄는 일이고, 꿈을 가로막는 것은 사람을 절망에 빠뜨려 퇴보하게 만드는 일이다.

4. 인정과 인사

인정의 에너지

　나는 사람들이 간섭받지 않고 주도적으로 일할 때 가장 창조적인 일을 할 수 있다고 믿는다. 사람들이 잠재력을 발휘하는 과정에서 본인이 중요한 일을 하고 있다고 여길 때와 상사나 동료들로부터 인정받고 있을 때 삶의 에너지는 극대화되고 존재감을 느끼게 된다.

　지점장 시절이었다. 우리 지점이 인원도 많고 업적 규모도 다른 지점보다 훨씬 많은 대형지점이라 당연히 일도 많고 해결해야 할 과제도 많았다. 당시 나는 함께 일한 여직원들과 늘 동업자처럼 일하면서 지점의 주요한 문제들을 상의했다. 그로 인해 함께 일한 여직원들은 다른 지점 여직원들보다 일도 많고 퇴근도 늦었다. 나는 책임자이기에 일이 많은 것이 문제가 안 되었지만, 여직원들에게는 늘 미안했다. 그러다 지점 규모가 더 커져서 둘로 나눠야 하는 상황이 되었다. 분할을 한 뒤 나는 그동안 너무 고생한 여직원들을 규모가 작은 지점으로 이동시켜주었다. 아무래도 규모가 작으면 일이 좀 편하기 때문이다. 그런데 한두 달이 지나 함께 식사하는 자리에서 여직원으로부터 의외의 이야기를 들었다. 그간 일을 많이 시켜 미안하다고 하는 나에게 그 여직원은 오히려 자신이 중요한 존재로 여겨져 일이 많은지도 모르고 신나게 일했고 보람도 컸다는 것이다.

단장 시절의 경험이다. 당시 변액보험 판매 자격증을 가져야 상품을 팔 수 있어서 사원들이 자격증 시험 합격에 힘써야 했다. 우리 지역단에서는 그 자격증 시험 대비를 경험도 많고 실력도 있는 총괄과장이 맡고 있었다. 그런데 그는 워낙 일이 많고 늘 바빴다. 챙겨야 할 것이 너무 많아서 자격증 공부에만 매달릴 수가 없었다. 당연히 합격률도 내 기대보다 저조했다. 그러던 중 막 교육을 마친 신입사원이 발령받아 왔다. 그 신입사원은 실력도 경험도 아직 부족했지만 나는 그에게 자격증 시험 대비 교육을 맡겼다. 왜냐하면 선배 과장들은 자격증 공부가 여러 가지 일 중 하나지만 신입사원에게는 그 업무가 전부였기에 본인의 능력을 최대한 발휘할 거라 생각했기 때문이다. 기대대로 그 사원은 교육생들을 밤낮없이 가르치고 퇴근 후까지 1:1 코치를 하여 월등한 수의 합격자를 배출해냈다.

지역 본부장 때는 이런 일도 있었다. 내가 근무한 기관은 항상 효율만큼은 최고로 우수했다. 그 이유는 효율만 담당하는 실무자를 임명하고 많은 권한과 책임을 주었기 때문인데, 그들은 어김없이 그 분야의 최고 고수가 되었다. 리더들은 항상 바쁘고 여러 가지 일을 동시에 수행해야 한다. 그래서 모든 일을 똑같은 비중으로 처리할 수 없다. 이번에도 나는 전체를 제어하지만 가능한 업무를 분류해서 전념할 수 있는 참모에게 맡기고 전권을 주었다. 전권을 맡기는 것으로 끝내지 않고 공개적으로 힘을 실어주었다. 즉, 회의 석상에서 그 업무는 당신 것이라는 사실을 명심시키고 뒤에서 내가 돕고 있음을 공개적으로 밝혔다. 이렇게 하면 비록 그들의 직급이 때에 따라 대리, 과장급이라 해도 그에게 힘을 실어주는 본부장인 나의 영향력 때문에 맡은 업무에서만큼은 본부장처럼 일하곤 했다. 경험상 그런 업무를 맡게 된 대부분의 담당자는 자신에게 주어진 일에 몰입하여 24시간을 고민하며 방법을 찾아내 결국 그 분야의 최고 전문가로 성장하였다.

마지막으로 영업본부장을 맡았을 때의 일이다. 800여 명의 희망퇴직과 100개의 점포가 통폐합되는 극심한 혼란 상태에서 부임한 나는 전국을 순방하며 일관되고 단순한 메시지를 전달했다.

첫째, 합리적인 기준에 따라 인재를 발탁하고 승진 원칙을 지키며 공정한 보상체계를 운영한다.

둘째, 현장에서 실제로 고생하는 사람의 노고를 인정하고 우대한다.

셋째, 공정하지 않은 방법으로 직원들의 사기를 꺾지 않는다.

넷째, 지위의 높고 낮음을 떠나 업무가 다를 뿐 모두가 소중하다.

다섯째, 받은 만큼 일하자.

다행히 내 메시지를 공감한 대다수가 희망을 품고 신나게 일하여 전화위복이라 할 만큼 좋은 성과를 낼 수 있었다.

많은 관리자가 자기 일을 부하직원에게 위임하지 못한다. 못 미더운 것이다. 책임져야 하고 힘들고 재미없는 일은 부하직원에게 맡기고 생색나고 칭찬받을 일은 본인이 하려 한다. 그것은 잘못되었다. 반대로 해야 한다. 리더는 재미없는 일, 힘든 일, 싫은 소리 들을 일을 해야 한다. 그리고 잘할 수 있는 일, 칭찬받을 만한 일은 부하직원에게 맡겨야 한다. 리더는 부하직원을 믿고 권한을 위임하고 실수를 코치하고 책임을 져줘야 한다. 그래야 부하직원이 성장하고 자존감이 커진다. 조직에는 여러 가지 지위가 있지만, 지위의 높고 낮음이 그 사람의 인격이나 됨됨이를 결정짓지는 않는다. 다만 일의 난이도와 책임의 경중이 있을 뿐이다. 누구나 인격적으로나 존재론적으로는 존귀하다. 내가 부족한 재주에도 불구하고 직장 생활을 할 수 있었던 가장 큰 요인은 함께 했던 내 동료들이 맡은 일을 기대 이상의 능력을 발휘하여 나보다 더 잘해주었기에 가능했다.

공정한 보상 시스템

사람은 돈 때문에, 승진이 간절해서, 공명심이 강해서, 상사의 눈치를 보느라, 인정받고 싶어서 등 복합적인 동기를 갖고 열심히 일한다. 그래서 인사는 이런 다양한 사람들의 욕구를 충족하는 에너지가 잘 발현되도록 해야 한다. 합리적이고 공정하고 예측 가능한 인사 원칙은 조직원들의 에너지를 이끌어내는 중요한 동기가 된다. 무엇보다 합리적인 기준과 정당한 평가로 인해 공정한 기회와 보상이 보장되는 시스템이 작동할 때 사람은 누구나 가장 힘이 나고 일할 의욕을 느끼고 비전을 갖게 된다. 이때는 불필요한 고민을 할 필요가 없다. 오직 정당한 성과를 내는 데 집중하면 되기 때문이다. 그러나 만약 공정한 원칙이 무너지면 혜택을 보는 극소수와 좌절하는 다수를 만들게 된다. 특정한 보상이나 자리를 놓고 수많은 사람이 경쟁하는 과정에서 조직은 그들에게 엄청난 에너지를 주고 조직 또한 성장하게 되는데, 만약 공정한 시스템이 무너진다면 조직원들의 좌절감이 클 것이고 그로 인해 발생하는 손실 또한 커진다. 그렇게 되면 조직원들은 자기의 꿈을 실현할 수 있는 다른 길을 찾거나 조직 안에서 힘이 되어줄 존재를 찾아 줄을 서는 정치적인 행동을 하게 된다. 그러한 조직은 발전하기는 어렵다.

사람을 움직이게 하는 인사 에너지

조직을 움직이는 첫 번째 힘은 뭐니 뭐니 해도 인사다. 능력의 인정과 노력에 대한 보상은 공정한 인사를 통해 나타난다. 그래서 승진하고 싶어 하는 이면에는 자신의 능력을 인정받고 싶은 욕구가 있고, 노력에 대한 보상으로 더욱 높은 자리로 승진해서 영향력을 발휘하고 싶어 하는 마음이 있다. 그것이 사람을 움직이는 에너지이다. 그러나 잘못된 인사는 사람을 움직이는 에너지를 가로막거나 왜곡하게 만든다. 그래서 인사권자는 개인의 비전이 성취될 수 있도록 합리적인 기준을 만들어 공정하게 평가하고 정당하게 보상하여 모든 사람이 승복할 수 있는 시스템을 운영하여야 한다. 능력에 맞게 적재적소에 사람을 잘 배치하고 그 사람이 가진 잠재력을 한껏 발휘하게 하는 것은 그 당사자는 물론 조직에도 중요한 일이기 때문이다. 혈연, 지연, 학연 등에 얽매이지 않고 공평하게 기회를 주고 정당하게 평가하는 것은 너무나 중요하다.

　나 역시 현업에 있을 때 늘 마음의 짐을 지고 살았다. 함께 근무한 인연이 있는 사람이나 여러 가지로 마음이 더 가는 사람이 왜 없었겠는가? 그러나 그러한 사적인 관계가 인사에 개입될수록 누군가의 정당한 권리를 빼앗게 된다. 나는 인사에서 최대한 공정하게 하려 애썼다. 그런데도 나와 개인적인 관계를 맺고 있던 사람은 기대에 어긋나 많이 서운했을 수도 있다. 회사에서 나에게 부여한 힘은 나 개인이 아니라 공익을 위해 위임된 것이다. 회사는 공동체이다. 그래서 사적 이해는 철저히 배제되어야 한다. 조직에서 내 사람이란 문화가 있어서는 안 된다. 나와 함께 일하면 모두 내 사람이지 별도로 내 사람이 어디 있는가? 만약 그런 사람을 가졌다면 그것은 공조직을 사조직화하는 것이다. 인사권자가 공정한 원칙을 가지고 능력에 맞는 사람을 임명할 때 사람들은 맡은 바 임무에 최선을 다할 수 있다. 그러나 이런 원칙이 지켜지지 않으면 조직 구성원 모두의 비전을 가로막게 되고 마음의 문을 닫게한다. 그럼으로써 그들의 열정과 헌신에 악영향을 미치고 조직 전체의 성과를 감소시킨다. 물론 이러한 부분이 눈에 안 보이고 계량화가 어려워서 책임 소재를 파악하기 어려운 부분이 있지만, 인사권자는 무엇보다 원칙과 규정에 따라야 한다. 사람들은 인사를 만사라 한다. 우리는 이러한 당연한 원칙이 제대로 지켜지지 않는 모습을 너무나 많이 목격한다. 히딩크라는 한 명의 지도자가 평범한 수준의 대한민국 축구를 월드컵 4강에 올리며 기적을 만들어내지 않았는가? 끼리끼리 문화, 학연, 지연, 혈연 등으로 줄 세우는 문화는 반드시 지양해야 한다. 조직 전체의 발전을 막는 폭력과 다름없는 행위이기 때문이다.

잠재 능력의 차이

사람이 태어날 때부터 가진 선천적 재능의 차이는 얼마나 될까? 후천적인 노력으로 재능의 차이를 극복할 수 있을까? 관점에 따라 그 차이를 크게 볼 수도 있고 작게 볼 수도 있을 것이다. 난 개인적으로 사람의 잠재 능력 차이는 그다지 크지 않다고 믿는다. 어떤 분야에서 뛰어난 사람이 다른 분야에서는 오히려 평균치에도 못 미치는 예도 있다. 글 쓰는 재능을 가진 사람이 말재주가 없다거나, 공부를 잘하는데 운동신경은 둔하다거나, 손재주가 뛰어난 데 비해 감수성이 아주 무딘 경우 등은 얼마든지 있다. 그래서 인사의 핵심은 그 사람의 잠재력을 극대화하는 것이다.

　일반적으로 사람들은 그 사람의 학력이나 외모, 나이, 경륜을 가지고 그 사람의 역량을 평가해버리는 경향이 있다. 그러나 리더는 한 사람이 가진 역량을 구체적으로 파악하고 강점과 약점, 장단점에 따라 그 사람이 적절한 곳에서 능력을 발휘할 수 있게 해야 한다. 그러나 모든 자리에는 권한과 보상만 있는 것이 아니라 그에 상응하는 역할과 의무가 있다. 먼저 각 개인은 그런 자리에 가기 전에 스스로 질문해봐야 한다. 과연 그런 중책을 맡을 만한 능력이나 자질이 되는지 생각해봐야 한다. 그리고 그런 자격을 갖추기 위해 노력하고 준비해야 한다.

5. 재정의 안정

재정의 안정을 위한 에너지

재정적으로 안정을 누리고 싶은 바람은 사람들 모두에게 가장 기본이 되는 본능적인 욕구일 것이다. 재정의 안정을 이루고자 하는 에너지는 누구에게나 통용되는 에너지이다. 그러나 경제적으로 유복한 시절을 보냈든 어려운 시절을 보냈든, 성인이 되어 돈의 중요성을 알고 관리를 잘 하는 경우가 있는가 하면, 반대로 돈에 대해 무지하여 관리를 잘 못해 어려움에 빠지는 사람도 있다. 내 경우는 불행히도 후자에 해당한다.

아버지가 돌아가시고 나서 학창시절 내내 경제적으로 시달렸음에도 나의 돈 관리 상태는 형편없었다. 재정 관리법에 대해 무지했고 구체적으로 고민하지도 않았으며, 배우려는 생각도 없이 막연하게 어떻게 되겠지 하는 마음으로 관심 없이 살다가 혹독한 대가를 치러야 했다. 그런 내가 늦게나마 돈에 대해 알아가게 된 계기는 재정 관리에 성공한 사람들과 실패한 사람들을 보면서 재정적 안정의 중요성을 새롭게 인식하면서부터이다.

돈 관리에 대한 올바른 인식은 빠르면 빠를수록 좋다. 그래야 젊을 때부터 돈 관리를 잘 해서 시간을 낭비하지 않고 생활의 안정을 누리며 자신이 원하는 삶을 살 수 있기 때문이다. 내 주변에는 돈의 속성과 중요성을 알기도 전에 많은 돈을 벌었다가 모두 탕진해버리고 정작 돈의 필요성과 중요성을 깨닫고 난 뒤에는 돈을 벌지 못하는 사람들이 있다. 이들은 재정이라는 개념도 모른 채 나이를 먹고는 노후에는 인간으로서 최소한의 존엄성마저 지키지 못하고 삶에 허덕이게 된다.

돈 관리(재정)의 실패

나도 젊은 날 돈 관리에 실패했다. 월급쟁이로는 이해가 안 되는 부채가 생겼고 그로 인해 많은 고생을 했다. 그러다 보니 아내에게도 고통을 주었다. 사업을 한 사람도 아니고 누구에게 사기를 당하거나 투자에 실패한 것도 아닌데 왜 그런 일이 생긴 걸까? 굳이 이유를 따지자면 돈과 관련된 일을 하면서 돈을 많이 쓰는 분야에서 일했다는 것이다. 그러나 그것이 이유의 전부일 수는 없다. 근본은 인생에서 가장 중요한 돈에 대해 너무나 몰랐다는 것이다. 돈 관리, 곧 재정에 대해 구체적으로 배운 적도 없고 훈련을 받지 않은 상태에서 대학을 졸업하고 돈을 관리하는 업종에서 일하게 된 것이 원인이었다.

내가 돈 관리에 실패한 원인을 몇 가지로 나누어보면 첫째로는 능력만큼 쓰지 않고 욕망이나 기대만큼 돈을 썼다는 것이다. 예를 들자면 내 형편은 아직 자가용을 탈 수 없는데 할부로 차를 샀고, 대출을 받아 나에겐 과한 집을 샀다. 신용카드를 몇 개씩이나 가지고 다니며 나를 다른 수준의 사람으로 착각하게 했다. 둘째는 당시 사회 분위기도 그랬지만 빚을 두려워하지 않았다. 빚을 내서 산 대부분의 제품은 구매와 동시에 가치는 줄어드는데, 빚은 시작과 더불어 이자를 지급해야 하고 종국에는 반드시 갚아야 한다는 사실을 과소평가했다. 셋째는 아직 실현되지 않은 미래 수익을 낙관적으로 계산했다. 이를테면 승진이나 급여 인상 등은 과도하게 계산하고, 지급해야 할 경비는 축소하여 생각했다. 넷째는 지렛대 효과의 긍정적인 부분을 맹신하고 위험성은 그다지 고려하지 않았다. 게다가 알량한 자존심과 충분히 책임질 수 있다는 호기로 자신 없는 재정 상태를 가족에게 투명하게 공개하지 않았다. 그 대가는 참으로 혹독하고 컸다. 오랜 시간에 걸쳐 이자와 빚을 갚아내면서 재정 관리의 중요성을 절감했다.

이제는 욕망이나 기대만큼 돈을 쓰는 것이 아니라 능력 범주에서 소비한다. 구매 충동이 생기면 바로 질렀던 습관을 바꾸었다. 지금은 내 형편에 맞는 차를 구매하고 옷은 할인점에서 예산에 맞게 사서 입는다. 현명한 소비는 자신의 가용할 능력 범주에서 구매하여 만족도를 극대화하는 것이다. 얼마 전 후배 몇 명과 식사하면서 시계가 화제가 된 적이 있었다. 한 후배가 250만 원짜리, 다른 후배는 750만 원짜리 시계를 자랑하며 일제히 내 시계에 시선이 집중되었다. 모두 비싼 시계일 거라 생각한 것이다. 나에게 시계는 시간만 잘 맞으면 된다는 실용적인 물건이라 "인간이 명품이어야지 시계만 명품이면 뭐하냐?" 하면서 웃어넘겼다. 나에게는 몇 벌의 청바지가 있다. 그중에는 비교적 오래전에 산 유명 브랜드의 제품도 있다. 그러나 내가 제일 맘에 들어 하는 것은 마트에 갔다가 29,000원을 주고 산 청바지이다. 편하고 스타일도 좋아서 요즘은 이 청바지를 매일 교복처럼 입는다. 이제는 제법 돈에 눈을 뜬 셈이다. 혹 나와 같은 사람이 또 있을 것 같아 염려되어 재정의 중요성을 강조했다.

인생 자금

사람은 태어나서 죽을 때까지 돈이 필요하다. 과거에는 어려서는 부모가, 성인이 되면 자신이, 노년이 되면 자식이 부담하는 패턴이었지만 오늘날에는 노년까지 자신이 부담해야 한다. 그래서 생애주기별로 필요 자금을 준비하고 관리하는 것을 인생 자금이라 하는데, 때에 따라 인생의 5대 자금으로 분류하기도 한다. 물론 세상의 변화에 따라 얼마든지 다르게 분류할 수 있다. 재정의 분류도 의미가 있지만, 그보다는 얼마나 잘 준비하느냐가 더 중요하다. 요즘 유행하는 생애의 용도별로 자금을 미리미리 준비하는 통장 쪼개기도 그 일환이라 할 수 있겠다.

생애주기별 필요 자금들을 살펴보면 다음과 같다.

첫째, 일반적으로 한 가족이 살아가는 데 필요한 자금을 가정생활 자금이라 한다. 흔히 말하는 생활비인 셈이다. 생활비는 우리가 살아가는 데 없어서는 안 될 가장 기초가 되는 자금이다. 이 돈이 없으면 당장 생활이 안 되기 때문에 사람들은 최우선으로 이 돈부터 마련한다. 아파트 관리비나 전기 요금, 수도 요금과 같은 주거 생활비와 식비, 외식비, 교통비, 통신비, 의료비, 교육비, 문화생활비, 경조사비, 용돈 등과 같이 매일매일 또는 매달 들어가는 비용을 총칭한다. 생활비는 너무나 중요해서 본능적으로 마련하려는 속성이 있다. 가정생활 자금의 특징은 누구나 살아있는 한 당장 필요한 돈으로써, 이 돈이 없으면 생존이 어려운 필수불가결한 자금이다.

두 번째로는 대한민국 사람이 가장 고통받고 있고, 의미가 왜곡되어 있으며, 쉽게 해결하기도 어려운 주택 자금이다. 사실 주택은 단지 우리가 거주하는 공간이고 형편과 사정에 맞게 선택하는 공간이 아닌가? 좀 더 안락하고 편리하고 안전한 집을 찾는 것은 당연하다. 그러나 생산되지 않고 움직일 수 없고 제한적인 자원인 부동산은 최소한 한국에서는 독특한 특성을 갖는다. 투자 가치와 학군 등의 교육 여건 등이 겹쳐지면서 주택 자금은 보통사람의 한계를 넘어서 고통을 주는 고비용 자금이 되어버렸다.

세 번째는 자녀의 교육 및 결혼 자금이다. 부모가 자녀를 양육해서 독립시키는 것은 인류의 생존과 번영을 위한 소중한 사명이다. 문제는 이 비용이 평범한 사람이 감당하기가 어려운 범위가 되어버렸고, 이로 인해 젊은 세대의 결혼과 출산 포기라는 국가와 사회적 문제에 직면하게 되었다는 것이다. 우리 세대는 부모가 키워줬으면 그 뒤부터는 대부분 스스로 살아야 했지만, 지금은 상황이 달라졌다. 그러므로 형편에 맞게 자녀의 교육과 결혼 자금은 염두에 두고 준비해야 한다.

네 번째 자금은 노후생활 자금이다. 가정생활 자금이 경제활동을 하면서 자녀를 양육하며 사는 시절의 자금이라면, 노후 자금은 은퇴 후 자녀를 독립시키고 자신의 생을 마무리하는 동안의 필요자금을 말한다. 과거 농경사회에서는 자녀들이 부모를 봉양하고 또한 수명이 길지 않아서 노후 자금이 크게 필요하지 않았다. 그러나 오늘날은 경제활동과 은퇴가 확실히 구분되고 평균수명의 연장으로 노년 기간이 길어졌으며 의료비의 폭발적 증대와 삶의 질 개선에 따라 더 많은 은퇴 자금이 필요하게 되었다.

얼마 전 부산에 있는 요양병원 원장과 상담한 일이 있었다. 그 요양원에는 104세 된 할머니가 있는데 그분의 아들이 85세의 할아버지라고 한다. 매달 이 할아버지가 병원비를 가지고 오는데 그 할아버지의 아들이 60세로 그 역시 은퇴했다고 한다. 결국, 그 집에서 돈을 버는 사람은 그 할머니의 증손자 한 명뿐인 것이다. 그 증손자가 100만 원을 자기 아버지에게 드리면 60세 된 아버지가 50만 원 쓰고 85세 할아버지에게 50만 원 드리고, 할아버지는 그 돈으로 104살 된 증조할머니의 병원비를 낸다는 소설 같은 현실을 말해주었다. 이야기를 듣는 내내 마음이 무거웠다. 오늘날 우리 주변에는 이미 노인이 노인을 부양하는 것이 일반화되어버렸다. 남은 삶을 요양병원이나 요양원에서 마감하는 비율도 점점 늘어가고 있다.

마지막으로 긴급 예비 자금이 있다. 이 자금은 살아가면서 발생하는 각종 돌발 비용으로 과다한 의료지출비 등 가정 내에서 발생하는 단순 생활비로 충당이 안 되는 경우의 자금이다. 그뿐만 아니라 기대하는 삶의 질이 높아짐에 따라 과거처럼 최소한의 삶에 만족하지 않은 요즘 세대는, 여행이나 취미 생활 그리고 자동차나 가전제품 구입 등에 필요한 새로운 자금도 인생 자금으로 자리 잡아가고 있다.

이상에서 살펴본 각종 자금은 있으면 좋고 없으면 그만인 자금이 아니라 없으면 인간의 존엄을 해치고 행복을 앗아가는 중요한 자금들이다. 이러한 자금을 상속받는 사람도 있지만 대개 스스로 만들어야 한다. 외벌이든 맞벌이든 직장을 다니든 사업을 하든 예외 없이 마련해야 한다. 젊은 날 벌지 못하면 늙어서라도 벌어야 한다. 그런데 사람들은 이런 인생 자금에 대해 골치 아파하고 외면하는 경향이 있다. 왜냐면 실제와 직면하기가 두렵기 때문이다. 그러나 용기 있게 직면하고 힘들지만 가능할 때 준비하는 것이 가장 좋은 방법이다.

'요람에서 무덤까지'라는 말처럼 이 땅에 태어나서 죽을 때까지 생애주기별로 그 필요에 맞게 적절한 자금을 준비하는 것은 성공 인생의 첫 번째 조건이다. 하지만 그리 간단한 문제가 아니다. 자금을 원한다고 바로 생기는 게 아니지 않은가. 상상해보라. 철저하게 준비하여 20년 혹은 30년 후에 비교적 안정적인 하루하루를 보내는 나와, 열심히 살았으나 준비에 소홀하여 파산 상태에서 하루하루 고통의 노년을 보내는 또 다른 나의 모습을 말이다.

부자와 가난한 사람

부자들은 소득을 늘리거나 소비를 줄여 저축한다. 목돈으로 투자할 기회가 생기면 과감히 투자하여 더 큰 돈을 모으고 점점 더 많은 기회를 얻게 된다. 반대로 가난한 사람은 소득 자체가 적으며 소득보다 지출이 많아서 저축하기가 어렵다. 부족한 돈은 빌리게 되니 빚이 생기고 혹 투자할 기회가 생겨도 결코 할 수가 없다. 부자는 대개 작은 돈을 쓰는 것도 무서워하지만 가난한 사람은 작은 돈에 후하다.

사실 돈을 쓸 때 조심스러워하는 것은 돈의 크기와 비례하지 않는다. 우리가 30만 원짜리 가전제품을 사는 일에 비해 3,000만 원짜리 자동차를 산다고 100배 더 고민하는 것은 아니지 않은가. 30만 원이나 3,000만 원이나 돈을 쓰는 과정에 일어나는 심리적 변화는 유사하기 때문이다. 즉 구매의 필요성을 느끼고 준비하고 분석하고 망설이다가 결정하고 구매하는 프로세스를 거친다. 구매 과정은 돈의 크기와 상관없이 유사하다. 내 경험상 적은 돈에 인색한 부자들은 돈을 쓸 기회를 줄여 돈을 모으지만, 보통 사람들은 적은 돈을 쓰는 것에 연연하지 않아 돈을 쉽게 쓰는 경향을 보였다. 이를테면 5년짜리 적금과 5년짜리 할부금은 같은 기간에 같은 돈이 지급되지만 결과는 전혀 다르다. 부자들은 가치가 계속 올라가는 5년짜리 적금을 내고 부자가 되지만 가난한 사람은 시간이 지날수록 가치가 줄어드는 5년짜리 할부금을 낸다. 가치가 올라가는 것은 오랫동안 돈을 내도 문제가 없지만 가치가 떨어지는 것을 사면서 돈을 낼 때는 신중해야 한다. 세상은 소비를 줄이고 저축을 많이 해서 부자가 되라고 권하지 않는다. 대신 "소비하라! 신제품이 나왔다. 돈 없으면 할부를 활용하라!"라고 우리를 유혹한다. 결국 세상은 우리를 부자로 만들어주지 않는다는 것을 알아야 한다. 부자가 되기 위해서는 우리가 자신의 재정 관리를 잘해야 한다.

부자 공식

부자가 되는 공식은 '소득−소비=저축 또는 투자'로 단순하다. 여기서 저축이나 투자를 늘리는 방법은, 일하는 시간을 늘리거나 시간당 소득을 늘리거나 일하는 총 기간을 늘리거나 성공적인 투자를 통해 가능하다. 소비를 줄이는 방법으로는 소비재의 사용 기간을 늘리거나 가치가 감소하는 자산을 빚내어 사지 않으며 현금 서비스처럼 이자가 높은 돈을 쓰지 않고 자신의 능력 범위 안에서 지출을 하는 것이다. 재정 관리에 성공한 사람과 실패한 사람은 아래와 같이 구별할 수 있다.

재정 관리 실패자	재정 관리 성공자
저축 〈 지출	저축 〉 지출
빚을 두려워하지 않는다	빚을 두려워한다
카드를 과용한다	체크카드와 현금을 능력 내에서 쓴다
충동적인 지출을 한다	구매에 신중하다
미래 수익을 과다하게 책정한다	위험성을 고려한다
계획이 없다	중장기 계획이 있다
재정 흐름에 비밀이 많다	재정 흐름이 투명하다

종합재무설계

성공적 재정 관리를 위한 구체적인 방법은 전문가의 조언이나 상담을 받아서 개인별 종합재무설계를 받는 것이 좋다. 그러나 모든 사람의 재무 상태가 다르고 현재 수입도 다르고 미래 예상 수입도 다르고 개인별 부채 역시 다르다. 또한, 은퇴까지 남은 기간도 다르고 직업이나 업종도 다르다. 게다가 본인의 재정 상황을 구체적으로 설명하는 것도 쉬운 일이 아니다. 그래서 자신에 대해 가장 잘 아는 본인이 자신이 살고 싶은 삶의 형태와 수준에 맞춰 전문가의 도움을 받아 시나리오별로 다양하게 스스로 설계를 해 보고 계속 상황에 맞게 수정하면서 삶에 적용해가는 것이 가장 현명한 방법이다. 이런 작업을 해보는 것만으로도 현재의 삶을 충실하게 만드는 방법임은 말할 것도 없다. 재정에 아무리 문외한이라도 누구나 스스로 할 수 있는 아주 쉬운 방법을 설명하고자 한다.

첫째, 본인이 향후 벌어들일 수 있는 연도별 수입 누계와 향후 예상 수입을 시나리오별로 산출한다. 예를 들어 현재 자산이 집 5억 원, 저축 1억 원, 보험 1억 원, 예상 퇴직금 3억 원, 예상 국민연금 3억 원, 부채 2억 원, 순 자산 10억 원이라고 하자. 이것을 1년 후, 2년 후, 3년 후와 같이 시기별로 향후 예상 자산을 산출하여 수시로 변동 상황을 업데이트하면 된다.

둘째, 향후 지출해야 할 경비를 인생 주기별, 생애 필요 자금별로 산출한다. 즉 주택 관련 자금, 자녀 결혼·독립자금, 부부의 예상 노후 자금을 본인 수준에 맞게 월 생활비를 구체적으로 산출한다.

예) 은퇴 전 매달 생활비 월 000만 원

　　주택 확장 자금, 또는 전세 자금 0천만 원

　　자녀 결혼, 독립 자금 인당 0천만 원

　　은퇴 후 월 생활비 0백만 원×12×예상 수명 기간 00년

　　기타 자동차 구매, 여행 경비 등

셋째, 예상 수입과 예상 지출 경비를 산출한 후 수입을 늘려야 하는지, 지출을 조정해야 하는지를 선택해야 한다. 즉 생애 자산이 지출보다 많으면 상속이나 증여의 문제가 생기고 부족하면 적극적으로 수입을 늘릴 방안을 찾거나 지출을 조정하는 방법을 찾아야 한다. 이러한 작업을 해보면 자신의 재정을 막연하게 보지 않고 실질적으로 보게 되어 현실을 직시하게 된다. 어른들이 병원에 잘 안 가려는 이유가 혹시 큰 병이 있을까 두려워서라고 한다. 이 얼마나 안타까운 일인가? 요즘은 종합건강검진 시스템도 잘되어 있어 사전에 병을 알아 치료도 일찍 시작하면 고생도 덜 하는데 말이다.

많은 경우의 사람들이 막연하게 미래를 낙관하고 중장기 계획 없이 살아간다. 그러나 지금까지 설명한 것처럼 올바른 인생 재무 설계에 따라 살아간다면 본인의 하루하루 삶이 말 그대로 하루가 아닌 본인 인생 전체와 연결된 하루를 살아갈 수 있다. 지금 당장 생활에 문제가 없다고 인생 전체에 문제가 없는 것은 아니다. 반대로 지금 돈이 없다고 인생 내내 돈이 없는 것도 아니다. 그래서 하루를 통한 인생과 인생 속의 하루를 동시에 봐야 안정된 재정을 확보할 수 있다. 그래야 인생이 편하다.

성공 재정을 위한 제안

첫째, 인생에 필요한 자금을 토대로 예상 수입과 지출을 구체적으로 적어보면서 인생의 여러 가지 변수에 맞춰 시나리오별로 셀프 종합재무설계 능력을 키운다.

둘째, 지금 바로 시작하자. 빠를수록 시간의 이점을 누리게 된다.

셋째, 부동산과 금융상품 등의 적절한 포트폴리오를 통하여 현금 흐름에 초점을 맞춘다.

넷째, 욕망만큼 지출하지 말고 능력 안에서 쓴다.

다섯째, 빚과 이자를 두려워해야 한다.

마지막으로 경쟁력을 끌어올려 일하는 기간을 늘리거나 시간당 소득을 끌어올리거나 투자를 통한 수입을 증대해야 한다.

6. 직장

일터, 밥터, 꿈터를 향한 열망

나의 부모님에게 논과 밭은 인생의 전부였다. 논과 밭은 일터였고 그곳을 통해 가족의 의식주는 물론 자식 교육도 할 수 있었다. 그뿐만 아니라 본인들의 존재감을 느끼게 하는 꿈터이기도 했다. 부모님에게 논과 밭은 오늘날과 같은 부동산이 아니었다. 농작물을 생산하는 생산기지였다. 아마 1970년대로 기억하는데 아버지는 지금 서울의 강남이나 강동, 강서 지역 등 개발이 되어 있지 않은 땅들을 볼 기회가 있었던가보다. 아버지는 그때 "구획 정리가 안 된 서울 논은 논도 아니다. 반듯하게 정리된 우리 논이 진짜 논이다"라고 자랑스러워하셨다. 우리 논은 600평씩 반듯하고 예쁘게 구획 정리가 잘 되어 있었고, 평당 수확량도 비교적 좋았다. 당시에는 수확량이 풍성한 논과 밭이 강남의 모래땅보다 훨씬 가치가 있었다.

부모님은 새벽부터 밤늦게까지 일 년 내내 논과 밭의 잡초를 제거하고 굴러 늘어온 자갈이나 이물질을 골라내고 물도 길어다 주고 비료를 주고 병충해를 해결해주고 때때로 땅의 지력을 회복시키기 위해 객토도 해야 했다. 아무 작물이나 논밭에 심지도 않았

다. 논과 밭을 황폐화시키는 작물은 아예 심지도 않았다. 그야말
로 논밭을 애지중지하셨다. 만약 가뭄이나 자연재해로 논밭이 쑥
대밭이 되거나 산사태나 홍수로 자갈밭이 되어 불모지가 되기라도
한다면 그건 단순한 논밭의 유실이 아니라 그분들의 삶이 유실되
는 것과 같을 것이다. 봄에 모를 내어 여름의 따가운 햇볕을 받아
가을에 추수하면 200평(한 마지기) 논에서 80kg짜리 쌀 네 가마니
정도를 수확한다. 현재 기준으로 한 가마니의 쌀값이 15만 원 정도
이니, 200평은 60만 원의 매출을 올리고 1만 평 정도의 농사로 비
교적 중농이었던 우리 집의 연간 매출은 이것저것 모두 합해도 3
천만 원에 불과했다. 여기에 1년이란 시간 비용과 농약과 비료와
인건비를 제외하면 남는 것이 거의 없는 셈이다. 그런 박한 이윤
에도 부모님은 오랫동안 논과 밭을 애지중지하셨다. 사실 당시에
는 그 길 외에 다른 길이 없었다. 논과 밭이 농사지을 수 없는 상
태가 되거나 수확량이라도 줄어들까 염려하여, 부모님은 생존을
위해서 그곳을 가꾸고 보존하고자 온 힘을 다했다.

그분들께는 논밭이 오늘날 내 직장과 다름없었다. 나는 한동안
왜 내가 마치 논밭을 애지중지하던 부모님처럼 내 직장을 애지중
지했는가가 궁금했다. 그것은 부모님에게 논밭이 인생의 전부라
할 수 있는 일터, 밥터, 꿈터였던 것처럼 나에게도 직장이 나의 삶
자체를 유지하고 지탱해주는 모든 것이었기 때문이다. 나에게는
회사라는 말로 단순하게 정의할 그럴 대상이 아니었다. 나는 일터

를 통해 의식주를 해결하고 자녀를 키우고 내 인생의 꿈을 이루어 왔다. 이처럼 일터는 내 행복의 원천인 셈이었다. 일터가 없으면 내 행복의 조건 중 상당 부분이 무너지게 되고 일터가 망가지면 내 인생도 영향을 받게 된다. 나의 일터이자 밥터이자 꿈터인 직장은 나만의 일터가 아니라 나의 동료와 후배들에게도 삶의 터전이다.

직장관

경영 부실과 노사 갈등으로 문을 닫는 회사들을 종종 보곤 한다. 회사가 문을 닫음으로써 경영자는 물론 종업원들까지 삶의 터전을 잃고 심지어는 주변 상권이나 관련 업체까지 황폐해지는 경우를 심심치 않게 목격한다. 이것은 논밭 관리를 잘못해서 농사를 지을 수 없는 황무지로 만들어 삶의 터전을 잃게 되는 것과 같다.

혹시 우리가 다니는 회사를 단순히 급여나 배당금을 주는 자판기처럼 생각하는 것은 아닌가? 직장은 주주의 것도 종업원의 것도 아니다. 그 누구의 전유물이 아니다. 그곳은 수많은 사람의 생존과 꿈이 걸린 공동체이다. 나에게는 직장이지만, 회사에는 여러 이해 당사자가 관련되어 있다. 주주도 있고 종업원도 있다. 본인이 제공하는 것에 비해 많은 것을 가져가는 사람도 있고, 본인이 제공하는 것에 비해 적게 받는 사람도 있으며, 본인이 일한 만큼 받는 사람도 있다.

본인이 일하는 것에 비해 더 많은 몫을 받은 사람은 조직에 짐이 되는 사람이고, 본인이 받는 것에 비해 더 많은 일을 하는 사람은 조직에서 꼭 필요한 인재로 인정받게 된다. 많은 사람이 능력이나 일하는 것에 비해 더 가지려 하고, 세상에서도 그렇게 하는 것이 영리하고 성공한 사람처럼 보인다. 그러나 모두가 적게 일하고 많이 얻으려 하면 그 조직이 부실화되는 것 말고는 다른 길이 있겠는가? 능력만큼 일하고 일한 만큼 보상받는 것이 당연한 문화로 자리 잡아야 한다.

난 개인적으로 직무 직급제를 선호한다. 누구나 일한 만큼 보상받는 것이 바르다고 믿는다. 이것을 보편화하기 위해 우리 실정에 맞게 연구해봐야 한다. 누구나 좋은 직장을 다니고 싶어 한다. 그러나 그런 좋은 직장은 남이 만들어주는 것이 아니라 바로 현재 회사에 근무하고 있는 구성원의 몫이라고 믿고 살았다. 내가 열심히 일했던 이유 중 하나는 누가 뭐라 해도 나는 좋은 직장을 다닌다는 자부심과 만족감 때문이었다.

최근 기업들은 더 많은 이익을 내고 생산성을 높이고 효율성을 높이기 위해 조직을 슬림화하고 통폐합하는 것이 하나의 추세가 되고 있다. 그것이 기업의 생존과 지속 성장을 위해 불가피한 측면도 있지만 결국 그런 효율성과 생산성을 추구한 결과 수많은 낙오자가 생겨나고 결국에는 소수만 생존하게 될 것이다. 이렇게 달려가다가는 일자리가 줄어들고 삶의 터전이 없어져 사회 공동체의 붕괴만 가져올 뿐이다. 우리의 터전을 지키고 일자리를 늘리기 위해 미래에 눈을 뜨고 눈앞의 작은 이익을 버려야 한다. 생존과 지속 성장을 위해 과감히 양보할 것과 버릴 것을 선별하고 과거의 잘못된 관행에서 벗어나 변화와 혁신의 에너지를 극대화해야 한다.

좋은 회사는 고객이 가장 신뢰하는 회사, 직원이 가장 일하고 싶은 회사, 주주가 가장 만족하는 회사일 것이다. 이런 좋은 회사를 만들기 위해 머리를 맞대고 마음을 열어 진정성 있게 소통하는 것이 가장 중요한 일이다.

2장

자기계발 에너지

사람이 아무리 큰 꿈과 비전으로 무장하고 더 나은 삶을 추구한다 해도, 자신의 부족을 인정하고 한계를 극복하여 경쟁력을 향상시키려는 에너지가 없다면, 이런 것들은 한낱 공염불에 불과하다. 지금까지 내 삶을 관통해온 또 하나는 좀 더 경쟁력 있는 사람이 되고자 하는 자기계발의 에너지였다. 이것은 내가 가진 잠재력을 끌어올리고 주어진 일에 집중함으로써 나의 역량을 키우는 것을 말한다. 한발 더 나아가 나와 함께 일하는 동료의 잠재력을 끄집어내고 그만이 할 수 있는 차별화된 역량을 발휘할 수 있도록 나의 역할을 다하는 것을 말한다. 이러한 것들은 결코 쉽게 얻어지지 않는다.

끊임없는 도전으로 자기 한계를 극복하고 역량을 계발하여 경쟁력 있는 사람이 되고자 하는 자기계발의 에너지는 수많은 고통을 감내해내려는 의지가 전제되어야 한다. 당연히 자기계발 에너지의 크기에 따라 성과의 차이 또한 분명하게 나누어진다. 어제의 나를 넘어서는 여정에서 보편적 에너지가 본능적으로 주어진 것이라면 자기계발의 에너지는 의지적으로 노력하는 것이라 할 수 있다.

1. 경쟁력

나의 경쟁력

현대사회에서는 자신만이 가지는 경쟁력이 곧 가치이고 몸값이며 바로 수입과 직결되므로 누구나 경쟁력을 높이기 위해 치열하게 노력한다. 나 역시 경쟁력을 끌어올리기 위해 고군분투해왔다. 그러나 오랜 세월 영어 공부를 하고 영문학과를 졸업했지만 영어회화는 여전히 초보자 수준이다. 수십 년 컴퓨터를 접했지만 컴퓨터에 대해서도 초보자 수준을 벗어나지 못하고 있다. 이것저것 열심히 한 것 같은데 이것만은 남들보다 뛰어난 나만의 경쟁력이라고 내세울 수 있는 것이 별로 없다. 차별화된 경쟁력을 갖는다는 것은 참 쉽지 않다.

입사할 때 훌륭한 자격 조건으로 무장한 쟁쟁한 친구들이 선호하는 직종은 치열한 영업관리직보다는 비교적 편안한 일반관리직이었다. 지금도 젊고 유능한 신입사원들이 일반관리직을 선호하는 경향이 있다. 그러나 시간이 지나면서 편한 보직에 근무했던 사람들이 가장 먼저 회사를 떠났다. 영업 현장에서 혹독한 훈련을 받은 사람들은 회사를 떠나서도 배운 영업 기술을 무기로 잘 살아가는 경우가 많다. 보험설계사와 영업관리자 중 아무래도 보험설계사가 불안정하고 어려울 수밖에 없다. 그러나 영업관리자는 아무리 유능해도 정년이 있는 직장인이지만 성공한 보험설계사에게는 은퇴가 없다. 누가 봐도 자격 조건이 부족한 사람이 영업의 현장에서 성공하여 경쟁력 있는 사람이 된 경우는 무수히 많다. 미약한 내가 나만의 경쟁력을 군이 하나 꼽자면 치열한 영업 현장에서 오랫동안 영업관리자를 한 것이다.

경쟁력의 변화

사전에서 '경쟁력'의 뜻은 '남과 비교하여 남을 능가함으로써 탁월한 성과와 부가가치를 창출할 수 있는 능력이다'라고 정의하고 있다. 그래서 경쟁력의 차이는 가치의 우위를 결정하는 것으로 남이 할 수 없는 것을 하거나 남보다 더 잘하는 것을 의미한다. 경쟁력을 높이는 일은 어렵지만, 경쟁력을 이해하는 것은 어렵지 않다. 혹 주변에 20년이 넘도록 같은 장소에서 식당을 하는 곳이 있다면 그 식당은 상당한 경쟁력을 갖추고 있다고 보면 된다. 식당뿐이겠는가? 우리 아파트 상가에 있는 세탁소는 20년 동안 지금껏 자리를 지키고 있다. 흔히들 한 분야에서 10년을 버티면 전문가가 되고, 20년을 버티면 장인의 반열에 오르고, 30년을 넘기면 전설이 된다고 한다. 오늘날 어느 분야에 상관없이 20년, 30년을 지속하고 있는 사람들은 남다른 경쟁력을 가진 사람이라고 해도 좋을 것이다.

그런데 경쟁력 역시 시대에 따라 변하고 있다. 과거 농경사회나 과학 문명의 발달이 미미했던 시대에는 사람이 모든 일을 직접 했다. 그러자니 힘이 좋은 것이 곧 경쟁력이었다. 당연히 남자가 경쟁력이었고 남자의 숫자가 곧 그 공동체의 경쟁력이었다. 국가 형태가 만들어지고 지배계급이 공고해진 신분 사회에서는 출생과 함께 부여되는 신분이 곧 경쟁력이 되었다. 산업화 이후에는 노동력보다는 지식이나 학력 수준이 경쟁력이 되었고, 기술과 과학 문명의 발전은 점점 더 특별한 소수의 전문가에게로 경쟁력이 집중되기도 했다.

오늘날에는 다양성의 확대 그리고 사회적 가치의 변화 등으로 과거와는 전혀 다른 분야의 지식이나 재능이 경쟁력으로 인정받고 있다. 불과 얼마 전만 하더라도 우리는 공부 잘해서 좋은 학교 나와 공직자가 되거나 교수 또는 큰 회사의 임원이 되는 것이 대단한 성공인 양 생각했다. 그러나 오늘날에는 수많은 젊은이가 자기 재능을 살리기 위해 다양한 분야에 관심을 가진다. 노래나 춤, 그 밖에 다른 재능으로 무장한 예능인과 세계를 제패한 스포츠인이 엄청난 부와 명성을 얻고 있다. 게임 하나로 정보통신 업계를 주름잡는 젊은 벤처사업가들도 심심치 않게 눈에 띈다. 이는 과거 전통적인 경쟁력과는 비교가 안 될 만큼 다양해진 경쟁력을 보여주는 것이다.

제4차 산업혁명에 기반을 둔 미래 사회는 지금과는 비교할 수 없는 능력이 출현할 것이다. 여전히 충분한 경쟁력이라고 믿으면서 오랜 시간 준비해온 높은 학력과 각종 자격증이 더 경쟁력으로 인정받지 못하는 경우가 얼마나 많은가? 지금도 대학을 졸업하고도 단순 노동에 종사하는 젊은이들이 많다. 노동시장 역시 2016년 기준 정규직 1,300만 명과 비교하면 비정규직 644만 명이라는 기형적 구조로 변화했고, 빨라진 희망퇴직으로 실제 은퇴와 제도상의 은퇴 사이의 격차가 확대되고 있다. 이것은 시장이 요구하는 경쟁력과 준비한 경쟁력의 불일치에서 온 현상이다. 과학 문명과 기술의 발전이 과거 우리 경쟁력의 범위와 영역을 축소하기도 하고 박탈하기도 하며 새로운 경쟁력의 장을 만들기도 한다. 말하자면 인간이 만든 기술이 인간의 영역을 계속 확산시키기도 하지만 침범하기도 하는 것이다. 계산기와 컴퓨터는 주산을 무용지물로 만들고, 편리한 기계와 로봇은 인간의 노동력을 대신하고, 첨단 무기는 군인의 숫자를 줄이는 등 수많은 영역에서 우리의 경쟁력을 위협받고 있다. 인공지능, 빅 데이터, 사물 인터넷 등은 지금 최고의 경쟁력으로 인정받는 의사, 약사, 판사나, 변호사 등의 경쟁력을 대체할 것이다.

미래 경쟁력

먼저, 경쟁력의 변화에 발맞춰 우리의 의식구조, 가치관, 직업관과 교육관의 변화가 선행되어야 한다. '생각이 바뀌면 행동이 바뀌고, 습관이 바뀐다'라고 하지 않았던가? 그러므로 생각, 즉 관점이나 사고방식부터 최소한 현실을 따라가야 한다. 그런데 많은 사람들이 세상이 엄청나게 변했다고 하면서 자신의 의식은 과거에 머물러 있는 경우가 많다. 지금은 굉장히 자연스럽고 보편화된 직업이 과거에는 그렇지 못했던 경우가 많았다. 내가 다니는 헬스클럽에는 70대의 이발소 사장님이 한 분 계신다. 그 연령대면 보통 집에서 일없이 지내는 경우가 많다. 그러나 이분은 늘 깔끔하게 출근해서 매일 만나는 단골손님들과 대화하며 일을 즐긴다. 얼마나 보기 좋은지 모른다. 대학 다닐 때 한남동에 있는 미국인 장교 집에서 영어 회화를 배운 적이 있었다. 그가 자신의 가족에 관해 이야기해주었는데, 장교였던 동생이 제대 후 새로 얻은 직업이 장례지도사라 했다. 고인을 생전에 가장 좋았던 모습으로 재현하여 마지막 가는 길을 축복해주는 직업인데 굉장히 수입도 많고 자기 일에 자부심을 느끼고 있다고 했다. 그 당시에는 드물고 놀라운 일이었는데, 지금 우리 사회에도 장례지도사가 보편적인 직업이 되었다.

　나는 직업에는 높고 낮음이 있는 게 아니라 일의 난이도에 경중이 있다고 생각하고 믿으려 노력한다. 그래야 직무의 중요도와 난이도에 맞게 필요한 경쟁력이 다양하게 개발될 수 있기 때문이다. 전 국민이 의사가 될 수도 없고 되어서도 안 되는 것 아닌가? 저마다 재능이 다르고 부여받은 소명도 다르다. 그러므로 자신이 가진 역량에 맞게 일할 수 있고 그 성과에 따라 합당한 대우를 받는 것이 중요하다. 경쟁력 있는 사람에게 더 많은 보상이 주어지고, 맡겨진 일의 중요성에 따라 합당한 대우를 해주는 사회가 되면 세상에는 더 많은 기회가 주어질 것이다. 그러려면 지금과는 다른 시각으로 보고 행동해야 한다. 회사 내에서도 상사와 부하직원의 관계를 마치 인격과 신분의 차이로 인식하는 경향을 없애야 한다. 어디까지나 일의 중요성과 난이도 그리고 책임의 문제라는 점을 분명히 인식할 필요가 있다. 이런 인식이 보편화될 때 그 회사는 미래지향적인 경쟁력을 다양하게 가질 수 있게 될 것이다.

둘째로, 미래 사회에 대한 올바른 예측을 할 수 있어야 한다. 그런 예측을 바탕으로 우리 사회의 시스템을 선제적으로 변화시킬 준비를 할 수 있다. 세상은 지금 상태로 머물러 있지 않는다. 우리 시대 교육 시스템과 방법으로 현세대를 교육한다면 미래 사회에는 필요 없는 경쟁력을 가르치게 되는 셈이다. 지금처럼 이전 세대의 교육 시스템으로 각종 사교육을 고수하는 것은 두 가지 측면에서 문제가 될 수 있다. 하나는 미래지향적인 경쟁력을 갖추지 못하게 만드는 것이고, 또 하나는 이전 세대의 거대한 시스템 속에 미래 세대를 가두어 놓음으로써 기득권을 유지하려는 기성 세대의 이기심이 작용할 수도 있다.

셋째로 무엇보다 미래에는 사람의 인격과 성품 그리고 사회성과 공동체 의식이 중요한 경쟁력이 될 것이다. 오늘날 많이 배우고 성공한 소위 엘리트란 사람들이 그들의 능력이나 실력이 모자라서가 아니라 다듬어지지 않은 인격에서 나온 잘못된 처신으로 무너지는 경우를 흔히 보게 된다. 또 불우한 환경에서 배울 기회를 얻지 못해 경쟁에서 낙오된 사람들의 무모한 행태가 매스컴에 등장하기도 한다. 전자는 지식과 지위 같은 외적 조건들은 얻었으나 그들의 인격과 성품은 전혀 경쟁력을 갖추지 못한 경우이고, 후자 역시 성장 과정에서 당연히 배워야 하는 인간으로서 갖춰야 할 기본적인 행동과 공동체 의식을 배우지 못한 결과이다. 전자는 안하무인인 교만이 문제이고 후자는 사회에 대한 분노와 미성숙한 대처가 문제라고 볼 수 있다.

2. 도전

속성은 없다

나는 젊은 시절 행복감이나 만족감을 주는 목표와 성과를 꿈꾸고 상상하고 갖고 싶어 하면서도, 될 수 있으면 적은 노력으로 빨리 이루고 싶어 하는 성급한 마음이 있었다. 좋은 성적표를 받고 싶어서 평소에는 소홀히 하던 공부를 시험 전날 벼락치기로 하고, 새로운 스포츠 종목에 입문하면 어떻게 해서라도 빨리 프로처럼 잘하려고 조바심을 냈고, 하다못해 다이어트를 해도 약을 먹으면서까지 가능한 짧은 시간에 원하는 몸무게를 만들고 싶어 했다. 말하자면 무엇을 하든지 빨리 쉽게 힘들이지 않고 원하는 것을 얻고 싶어 한 것이다.

그러나 늘 그렇듯 빨리 얻어진 것은 꼭 대가를 지불했다. 반면에 충분한 기다림과 올바른 과정을 통해 얻은 것들은 뒤탈이 없었다. 살아가면서 힘들이지 않으면서도 빠르고 쉽게 얻어지는 것은 세상에 없다는 것을 하나하나 깨닫게 되었다. 황금알을 낳는 닭을 가진 농부가 하루빨리 부자가 되고 싶은 욕심에 닭의 배를 갈랐는데 막상 닭의 배 안에는 황금이 하나도 없었다는 이솝 우화가 생각난다. 오늘날은 속도가 곧 경쟁력이기도 하다. 그러나 기계는 속도가 경쟁력이지만 인생은 속성으로 얻어지지 않는다.

공식

서른 살쯤 건강을 위해 수영을 하기로 마음먹고 수영 강습을 등록한 적이 있다. 시골에서 자랐기 때문에 수영을 곧잘 한다고 생각하고 있던 터라 자신 있게 등록한 것이다. 수영 코치가 나에게 수영을 한번 해보라고 했다. 수영장에 뛰어든 지 얼마 지나지 않아 그 코치는 호루라기로 나를 중단시키고 수영 시범을 보여주었다. 내 수영 모습은 마치 물속에서 허우적대는 돼지같이 보였고, 그 코치가 보여준 자유형, 배영, 평영, 접영의 유려한 모습은 같은 남자가 봐도 아름다웠다. 코치는 나에게 수영을 제대로 배울 것인지 마음대로 할 것인지를 물었다. 두말할 것도 없이 제대로 배우겠다고 했다. 그 다음 날부터 아침마다 처음 배우는 할머니, 아주머니, 어린 학생들과 섞여서 기본동작인 발로 물차기와 보조 장비를 착용하고 연습하는 숨쉬기부터 차근차근 배우기 시작했다. 기본을 익히는 데만도 거의 6개월 이상이 걸렸고, 영법별로 차근차근 교습을 받은 덕에 그 후 10여 년간 꾸준히 아침 운동으로 수영을 할 수 있게 되었다.

모든 일에는 공식이 있고 당연히 따라야 할 프로세스가 있기 마련이다. 물론 타고난 재능과 집중력의 차이가 시간을 줄여주고 결과의 차이를 나타내기도 하지만 지불해야 할 대가를 건너뛰는 예는 없다. 운동이 이러한 원칙을 가장 잘 증명해주는 것 같다. 교습을 받지 않고 대충 취미로 탁구나 배드민턴, 수영 등을 배운 사람과 학창시절 제대로 배우면서 선수 생활을 한 사람의 차이는 기본기에서부터 다르다. 한편 공식을 잘 안다 해도 과정을 소화하고 습득하는 것은 시간과 노력을 들이고 시행착오를 겪어야만 한다. 프로 골퍼들은 멋지고 일관된 스윙 자세와 점수를 위해 어린 시절부터 하루에 3천~4천 번씩 스윙 연습을 한다고 한다. 그러나 대부분의 아마추어들은 일주일에 연습장 두세 번 가서 고작 한 시간 남짓 연습하면서 필드에 나가 점수가 잘 나오지 않는다고 실망하지 않는가? 비단 골프만 그런 것이 아니라 내가 경험한 스포츠는 모두 그랬다. 난 스포츠에 특별한 재능은 없으나 공식과 프로세스에 따른 일관된 결과를 약속하는 스포츠의 원리가 좋아 자주 즐긴다. 그리고 직장 생활을 하는 중 나에게 가장 많은 영향을 미친 것이 다른 무엇보다도 원칙에 따라 꾸준히 반복하는 운동의 원리였다.

불변의 진리

한동안 서로가 바빠서 못보던 고등학교 친구들과 다시 정기적인 모임을 하기로 한 첫날이었다. 평소 85킬로그램에 육박하는 체중을 자랑하던 친구가 무려 17킬로그램을 감량하여 68킬로그램의 몸매로 나타났다. 평소 다이어트를 입에 달고 다니던 50대 후반의 우리는 모두 깜짝 놀라 그 친구에게 비결을 물었다. 혈압이 좀 높아서 평소에도 몸무게가 신경 쓰였던 그 친구는 의사의 체중 감량 권고를 받아들여 다이어트를 시작하게 되었다고 했다. 특별히 운동할 여건이 안 되어서 1년 반 동안 한 것이라고는 매일 1시간 남짓 걸리는 거리를 걸어서 출퇴근했고 점심때도 웬만하면 왕복 30분 거리의 식당을 걸어서 오갔다고 했다. 그리고 평소 분식을 좋아했는데 먹는 양을 약간 줄인 것밖에 없다고 했다. 이것들을 1년 반 동안 꾸준히 했더니 조금씩 변화가 생기고 마침내 몸무게가 17킬로그램이나 줄었다는 것이다.

사실 단순해보이는 원칙보다 이 방법을 1년 반이나 실천했다는 것이 더 대단해보였다. 게다가 이젠 걷는 것이 습관이 되어 웬만한 거리는 걸어 다닌다고 했다. 그 친구가 처음부터 몸무게 68킬로그램 달성이라는 불퇴전의 목표를 가지고 추진한 것이 아니라 매일 매일의 생활방식을 조금씩 바꾸어서 실천한 것이 중요한 사항이었다. 몸무게 또한 갑자기 빠진 것이 아니라 중간중간 정체기도 있었지만 조금씩 줄어들다 보니 몸이 가벼워지는 재미도 있어서 걷는 습관을 유지할 수 있었다는 것이다. 지금까지도 그 친구는 몇 년째 체중을 유지하고 있으니 '끊임없는 도전'이야말로 우리가 원하는 결과를 만들 수 있다는, 단순하지만 불변의 진리를 확인한 셈이다. 나 역시 체중 감량을 위해 다이어트 식품도 먹어보고 운동도 과하게 하고 별짓을 다 해봤지만, 실패를 반복했다. 실패의 원인은 간단했다. 골든 규칙을 지키지 않은 것이다. 활동량은 줄이고 섭취하는 양은 늘이니 쌓이는 에너지가 많아져서 체중이 느는 것이었다. 먹는 양을 줄이든가 소모 열량을 늘리든가 둘 중 하나를 해야 한다. 그런데 단순한 이 원리를 지키지 못한다.

시간과 싸움

어린 시절 가을이면 탈곡하기 위해 들녘의 볏단을 집으로 나르는 것이 큰일이었다. 온 식구가 이고 지기를 반복하여 논에 있는 볏단을 집으로 옮겼는데, 어린 나에게는 매우 힘든 일이었다. 아버지는 항상 금방 끝난다고 우리를 독려했다. 그러나 아버지 말씀처럼 일은 금방 끝나지 않았다. 그래서 늘 아버지에게 속는 느낌이었고 하기 싫은 일이 금방 끝나기를 바라며 하다 보니 일은 배로 힘들었다. 일이 빨리 끝나기만을 기다리던 중, 날라야 할 볏단을 보고 한 번에 옮길 수 있는 양으로 나눈 뒤 시간을 계산해보니 언제쯤 일이 끝날지 어렵지 않게 예상할 수 있었다. 그때 이후로는 아버지의 독려를 믿지 않고 내가 예상하는 시간과 싸움을 했다. 시간과 싸움을 하며 일하고부터는 짜증을 덜 내게 되었고 더불어 인내하는 습관도 생겼다.

등산하면서 하산객들에게 목적지가 얼마나 남았느냐고 물어본 기억들이 한 번쯤은 있을 것이다. 그러면 거의 하나같이 금방 도착한다고들 한다. 그런데 이상하게도 그 거리가 얼마 안 남은 것도 아니고 그렇다고 다 온 것도 아닌 경우가 많다. 그래서 나는 산에 오를 때면 꼭 거리와 예상 소요시간을 계산한다. 예상 시간을 걷기만 하면 결과는 항상 비슷하다는 것을 경험했다. 역시 인생은 시간과 겨루는 싸움이다. 나이가 들면서 젊은 날의 조급함에서 벗어나 무슨 일에서든 여유롭게 임하는 버릇이 생겼다. 모든 일에는 원칙이 있고 올바른 방법이 있고 거쳐야 할 과정이 있으며 그에 따른 결과가 있다는 것을 알기 때문이다. 그 다음은 시간이 해결해준다고 믿게 되었다. 그래서 결과를 의심하거나 불안해하지 않는 편이다.

완성을 향한 끊임없는 도전

경쟁력을 높이고 자기계발의 역량을 키우는 과정에서 나의 인생 표어는 "완성을 향한 끝없는 도전"이었다. 인간은 완벽한 존재가 아니다. 신체적으로는 다른 동물에 비해 연약하고, 정신적으로도 나약하기 짝이 없다. 그러나 인간은 다른 생명체와 비교해 잠재력과 가능성을 가지고 있다. 바로 자기완성에 대한 목표가 대표적이다. 신체를 훈련하면 체력이 좋아지고 공부를 꾸준히 열심히 하면 실력이 쌓인다. 정신 역시 수련하면 내공이 깊어져 환경의 영향을 덜 받게 된다. 사람은 누구도 완성품이 아닌 미완성의 원석으로 태어나지만 어떻게 연마하느냐에 따라 원석으로 남을 수도 보석으로 빛날 수도 있다. 누군가 나에게 인생을 어떻게 살고 싶으냐고 물으면 나는 주저 없이 "완성을 향한 끊임없는 도전"을 실천하여, "UPGRADE No. 1, HAPPINESS No. 1"의 행복한 삶을 살고 싶다고 말한다. 이를 위해서 꿈과 목표는 분명하고 크게, 실현 방법은 원칙에 따라 정당하게, 행동은 끊임없이, 그리고 결과는 의심하지 않고 반복적으로 도전하는 것이 내가 실천하는 인생 공식이다.

3. 잠재력과 시간 관리

잠재력

  1988년 부임한 첫 지점을 두 개 지점으로 나누면서 그동안 함께 일하면서 고생했던 두 명의 팀장을 지점장으로 발탁하고 나는 다른 지점으로 이동했다. 두 번째 지점 역시 세 번이나 지점을 나누면서 팀장들을 지점장으로 발탁했다. 함께 근무한 여직원 중에는 대학에 진학할 수 있도록 상담하고 격려해준 적도 있었고, 마지막 지점에서 함께 근무한 여직원은 나와 근무하는 동안 대학을 졸업했다. 당시 여직원 중에는 가정 형편상 학업을 중단해서 공부에 목마른 사람들이 많았다. 나는 어디서 근무를 하든지 함께 일하는 사원이나 직원들이 자신의 잠재력을 깨닫고 그것을 끌어내는 에너지에 불을 붙이는 것을 가장 중요한 역할이라 믿었다. 그래서 나와 근무한 사람들은 본인의 운명을 걸고 고생스러운 도전을 한 사람이 유별나게 많다.

  마지막 지역본부인 강북본부에서 근무할 때의 일이다. 오랜 시간 영업이 활성화되지 않다 보니 단장으로 승진하는 꿈을 꾸거나 자격을 갖춘 사람이 상대적으로 적었다. 그래서 월납 초보(매달 내는 보험료 중 초회 보험료)의 목표를 매달 3,000만 원 이상으로 높게 제시하여, 이를 달성하는 우수지점장에게는 식사 초대를 한 후 비전과 리더십 교육을 한 적이 있다. 이런 목표를 제시하기 전에는 3,000만 원 이상 하는 대형 지점이 월평균 고작 2~3명 정도였는데, 1년이 지나자 10명 이상으로 늘어났고, 그렇게 2년을 하다 보니 전국에서 단장 후보가 가장 많아졌다. 더 나아가 그들은 회사의 중요한 인재로 성장해갔다. 여기에서 힌트를 얻은 나는 영업본부장 시절 소위 '탑 클럽'이라는 제도를 만들어, 높은 조건을 통과한 우수지점장을 전국에서 매달 선발하여 포상하였다. 이를 2년 동안 지속하면서 비전과 리더십 교육을 했더니, 그 안에서 회사의 미래 핵심 인재들이 성장하는 모습을 지켜볼 수 있었다.

나는 사람이 타고난 역량의 차이는 그다지 크지 않다고 생각한다. 그러나 사람들이 평생 만들어내는 성과는 타고난 역량의 차이와는 비교할 수 없을 만큼 크다고 본다. 에디슨이나 슈바이처 박사같이 인류에게 엄청난 혜택을 주면서 위대한 업적을 남기고 떠난 위인들도 있고, 히틀러처럼 치명적인 해악을 남긴 사람들도 있다. 물론 대다수 보통 사람들은 흔적 없이 떠난다. 잠재력은 누구나 비슷하게 갖고 태어나는데 주어진 시간을 어떻게 활용하느냐에 따라 인생의 결과가 결정된다. 즉 인생의 결과=잠재력×시간인 셈이다.

그렇다면 우리의 잠재력을 어떤 방법이나 프로세스를 통하여 주어진 시간 안에 최대한 끌어낼 수 있을까? 바로 우리가 추구하고

자 하는 방향에 따라 비전(전망)과 목표를 정하고, 구체적인 방법과 프로세스를 설정하고, 실행과 피드백을 통해 방법을 수정하고, 완성을 향해 끊임없이 도전하면 기필코 좋은 열매를 맺게 된다.

예를 들어보자. 세종대왕께서 한글 창제의 꿈과 비전을 세우셨다. 집현전 학자들과 연구하고 토론하며 구체적인 방법을 세우고, 실행과 피드백을 반복하고, 힘든 시간과 싸움을 통해 훈민정음을 완성할 수 있었다. 역사상 대부분 발명품이나 위대한 문명은 예외 없이 모두 이와 같은 과정을 통해 만들어졌다.

시간의 의미

시간에는 상대성이 있다. 우리 속담에 '아이들에게 하루해는 짧고 1년은 더딘데, 노인들의 하루해는 길고 1년은 짧다'라는 말이 있다. 내가 학창시절을 보낼 때 어른들이 이런 말씀을 해주셨다. "20대 시간은 뒷짐을 지고 걷더라. 30대가 되니 시간이 달음질치고, 40대의 시간은 화살이더라." 지금의 내 시간은 유성보다 빠른 것 같다. 어쩌다 약속 시각은 다가오는데 차라도 막히면 초침이 엔진이라도 단 것처럼 빠르게 간다. 그런데 군 생활의 시간은 어찌 그리 더디던지. 이처럼 시간은 상황에 따라 전혀 다르게 느껴진다. 그렇다고 시간이 가진 절대성이 달라질 리는 없는데도 말이다. 따라서 누구에게나 똑같이 주어진 하루와 1년과 일생을 어떻게 활용하느냐에 따라 시간의 의미는 달라질 수 있다. 그래서일까? 새벽이나 아침 시간에 집중하는 사람, 낮에 생산성이 올라가는 사람, 밤이 되어야 초롱초롱 의식이 또렷하게 되는 사람 등, 사람마다 시간을 다르게 활용한다. 천재형은 한밤중에 일하고 근면한 사람은 새벽에 일한다는 이야기도 있다. 어떤 사람은 젊은 시절에 위업을 남기고 어떤 사람은 인생 말년에 위업을 남긴다. 한국 재계를 대표했던 두 거목인 정주영 회장과 이병철 회장도 각자 일하는 방법이나 집중하는 시간이 판이하게 달랐다.

나는 천재도 아니고 위대한 업적을 남기거나 앞으로도 남길 가능성도 적다. 그저 보통 사람으로 근면 성실하게 살아왔고 앞으로도 그렇게 살 것이다. 그러나 그동안 내가 살아오면서 활용한 시간 관리법은 누구라도 관심을 가져볼 만하지 않을까 싶어 여기에 소개한다.

먼저 인생 전체를 설계하는 것이 중요하다. 살아보지도 않은 미래의 인생을 설계하기는 절대 쉽지 않고, 또한 설계한다고 그대로 살아지지도 않을 것이다. 그래서 이런 시행착오를 겪어온 많은 사람들이 좀 쉽고 현실적으로 적용 가능한 방법을 만들어왔다. 즉, 유년시절, 학창시절, 경제활동과 자녀 부양 기간, 그리고 노후 기간으로 우리의 삶을 크게 구분하는 것이다. 앞서 잠깐 살펴본 바와 같이 인생을 주기별로 구분하고 선제 인생을 그린 후 살펴보면 확실히 쉬워진다. 이와 같은 인생 주기는 대부분 사람에게 적용되는 사회적 현상이기 때문에, 특별한 삶이 아닌 이상 이 범주에서 인생의 그랜드 플랜을 수립하면 큰 오차가 생기지 않는다. 이렇게 수립된 계획을 실행하면서 조금씩 수정하고 보완하여 스스로 피드백하면 인생 시간이 조금씩 알차게 채워져갈 것이다.

우리의 인생에서 큰 단위의 시간은 많은 변수에 의해 우리가 통제하고 관리하기가 쉽지 않다. 그러므로 스스로 예상하고 통제할 수 있는 짧은 하루나 일주일 단위의 시간표를 짜 실행을 해보는 것이 좋다. 이런 훈련은 대부분 학창시절부터 해본 경험들이 있을 것이다. 하루가 모여 일주일이 되고 일주일이 모여 한 달이 되고 한 달이 모여 일 년이 되고 일 년이 모여 인생이 된다는 것은 누구나 알고 있다. 그러므로 구체적인 시간표 없이 대충대충 시간을 보낸 사람과 목적과 의미가 있게 시간을 보낸 사람의 인생 성적표가 같을 수 없으리라는 것도 알 수 있다. 사실 이걸 알고도 우리는 순간의 기분과 감정에 따라 즉흥적으로 시간을 사용하기 일쑤이다. 그러나 인생이라는 긴 시간을 그렇게 무계획적으로 사용한다면 생의 마지막 순간에 큰 후회가 밀려올 것이다.

NDP(New Daily Plan)

나도 직장 생활 초기에는 닥치는 대로 무조건 열심히 시간을 보냈다. 늘 시간에 쫓기며 허둥대고 타성에 빠져 있을 때 문득 나의 시간 관리에 문제가 있음을 깨닫게 되었다. 아무리 열심히 뛰어도 도무지 어제와 달라지지 않는 오늘의 삶에 나 스스로 짜증이 나기 시작한 것이다. 고심 끝에 나는 바로 일정표를 만들고 그대로 맞춰 살기 위해 노력했다. 처음에는 일정표를 만드는 것도 귀찮고 계획대로 지켜지지도 않았으나 몇 달이 지나면서 시행착오를 거쳐 습관이 되어갔다. 그렇게 일정표에 따라 살게 되면서 내 삶은 확연히 달라졌고, 퇴임한 지금도 일정표는 내 삶을 이끌어주고 있다. 나는 이것을 NDP라 이름 지었다.

NDP는 먼저 일 단위, 주 단위, 월 단위로 일정표를 수립해야 한다. 시간표는 하루, 일주일, 한 달 정도가 적당하다. 과거를 참고하여 이번 주나 이번 달에 집중해야 할 중요한 일들을 나열하고, 이것들을 가장 효과적으로 실행할 수 있는 시간에 배치한다. 이때 중요한 것은 그 내용과 일정이 서로 연관성을 유지해야 하고 조직의 공동 목표와 일치해야 한다. 즉 공동의 목표를 염두에 두고 개별 프로젝트의 일정을 수립하는 것이 바람직하다는 말이다. 만약 하루나 한 주 또는 한 달의 일정이 서로 연관성이 없고 각자 따로 논다면, 수시로 발생하고 밀려드는 일들이 서로 충돌하여 업무의 혼선을 피할 수 없게 된다.

다음 도표는 재임 중 동료들과 함께 사용했던 NDP 초기 모델이다. 본부장과 단장, 시섬상 그리고 설계사(FP)까지 모두가 일정표를 공개하고 일정표대로 시간 관리를 하도록 독려했다. 2008년 경부터 부임하는 곳마다 NDP를 가르치고 공유하고 실행하기 시작했는데, 실행 이후 단 한 번도 성공하지 않은 경우는 없었다. 지금 생각해도 너무나 당연한 일 같다. 실행 초기에 당장 효과가 나타나지 않을 수 있지만 수천, 수만 명이 무계획적이고 즉흥적으로 일하는 경우와 미흡하더라도 전체의 방향과 목적에 따라 조직이 일사불란하게 일했을 때의 결과는 다를 수밖에 없지 않은가? 초기에는 수작업으로 NDP를 작성하여 공유하고 실행했으나 영업본부장 시절에는 전국의 NDP를 전산화하고 시스템화하여 공유하게 되었다. 그러나 아무리 좋은 시스템이라 할지라도 리더의 확신과 관심이 없으면 힘을 제대로 발휘할 수 없다.

메카니즘 완성 전략 – NDP(영업본부장)

[6월 주요 영업일정]

2016. 5. 26 영업부문장

일	월	화	수	목	금	토
			1 • 영업 부문 주무팀장 Tea-Time(08:00)	2 • 지역본부 화상회의 (09:00, 45층 회의실) • 개인본부 팀장·파트장 정례회의 (10:30, 45층 RM5회의실) • 운영비 변경 신청 마감 • 주무팀장 서식	3 • 영업 부문 주무팀장 Tea-Time(08:00) • 영업 부문 회의(09:00) • FP 1차 위촉	4
5	6 현충일	7 오찬 • 영업 부문 주관 오찬 • 본부장 회의(08:00)	8 • 영업 부문 주무팀장 Tea-Time(08:00) • 선지급 운영비 지급	9 • FP 2차 위촉	10 • 부문장 Tea-Time(08:00) • 영업 부문 회의(09:00) • 영업 성과 회의(10:30)	11
12	13 • 영업 부문 주무팀장 Tea-Time (08:00, 영업부문장) • 사무직의 날	14 • 본부장 회의(08:00) • CEO 아카데미 Re-Union Day	15 • 영업 부문 주무팀장 Tea-Time(08:00) • 23차월 드림스타과정~17일 (11:00 ~ 12:30, 연수원)	16	17 • 부문장 Tea-Time(08:00) • 영업 부문 회의(09:00) • 영업 성과 회의(10:30)	18
19	20 조찬/오찬 • 영업 부문 주무팀장 Tea-Time (08:00, 영업부문장) • 임원조찬특강(07:30~09:00) • 지역본부장회의(09:30) • 13차월 비전자과정 특강(16:30~18:00) • FP 4차 위촉	21 오찬 • 본부장 회의(08:00) • 13차월 비전과정 오찬 (12:00~13:30) • 사회/지원비 지급	22 오찬 • 영업 부문 주무팀장 Tea-Time(08:00) • '16.5월 우수지역단장 초대	23 오찬 • '16.5월 TOP Club 영업리딩 지점장 초대(12:00) • FP 5차 위촉	24 • 부문장 Tea-Time(08:00) • 영업 부문 회의(09:00) • 영업 성과 회의(10:30) • 정산 운영비 지급	25
26	27 • 영업 부문 주무팀장 Tea-Time (08:00, 영업부문장)	28 • 임원 팀장 회의(08:00) • 기관장 후보자 역량향상 W/S	29 • 영업 부문 주무팀장 Tea-Time(08:00)	30		

NDP 사례 도표 1

메커니즘 완성 전략 – NDP(지역단장)

[NDP 07월 3주차 ○○단]   07월 12일 ~ 07월 18일

구분	MON (13일)	TUE (14일)	WED (15일)	THU (16일)	FRI (17일)
중점실천사항	• 주간 목표 공유 특별관리지정	• VIP 마케팅	• J/C 점담 4명 이상 참석	• 주간마감 진도 분석	• 차주대책 수립 • 마감 목표 달성
일상교육 전	• R부진지점 T.T		• R부진지점 T.T	• R부진지점 T.T	• R부진지점 T.T
I. 오전 9:00 ~ 10:00	• 일상교육 점검 & 부진지점 교육 참관	VIP 조청 골프 (08시 ~ 16시)	• 일상교육 점검 & 부진지점 교육 참관	• 일상교육 점검 & 부진지점 교육 참관	• 일상교육 점검 & 부진지점 교육 참관
II. 오전 10:00 ~ 12:00	• 신인교육 관리 (육성센터/신인입문/ 리센터 교육 지원 및 관리)		• 신인교육 관리 (육성센터/신인입문/ 리센터 교육 지원 및 관리)	• 신인교육 관리 (육성센터/신인입문/ 리센터 교육 지원 및 관리)	• 신인교육 관리 (육성센터/신인입문/ 리센터 교육 지원 및 관리)
12:00 ~ 13:00	조독 맞이 전 지점장 삼계탕 미팅		J/C & TS 부진지점장 식사	고참지점장 중식	지역단 STAFF & 교육 담당 중식
I. 오후 13:00 ~ 17:00	• 주간 정례 회의		• 리크루팅 진도 분석 • 주간 엽적 분석	• 리크루팅 진도 분석 • 주간 엽적 분석	4주차 영업대책 수립
II. 오후 17:00 ~ 19:00	• 리크루팅 진도 분석		• 리크루팅 일일 보고	• 리크루팅 일일 보고	• 리크루팅 일일 보고
일과 이후		초임지점장 석식	○○지점장 담당 석식		

주간 NDP

NDP 사례 도표 2

메커니즘 완성 전략 - NDP(지점장)

[NDP 07월 2주차 ○○점]

07월 05일 ~ 07월 11일

	구분	MON (06일)	TUE (07일)	WED (08일)	THU (09일)	FRI (10일)
	종업실천사항	리크루팅 전 사인	보장 15만 달성 및 세미나 1명 참석	세미나 참석 독려	업적 1단계 승급	개인별 주간 목표 달성
	일상교육 전	모닝 스터디	팀장 회의	모닝 스터디(면역c)	모닝 스터디	모닝 스터디
	I. 오전 9:00 ~ 10:00	일상교육(리크루팅 해외 여행자 클럽)	일상교육 (스마트 추가/남)	스마트 100배 목표금액 마련	더 중요한 설명 포인트	스마트와 은행 비교
	II. 오전 10:00 ~ 12:00	개인별 목표 면담	개인별 목표 면담		리크루팅 활동면담	목표 관리
	12:00~13:00		육성센터 신인	리크루팅 후보자	여행자 클럽 식사	
주간 NDP	I. 오후 13:00 ~ 17:00	주간 회의	리크루팅 동행	CIS	CIS	VIP 방문
	II. 오후 17:00 ~ 9:00	팀장 회의 및 특강	팀장 교육 실시 (팀장 수단 변경)		팀장 면담	
		리크루팅		업적	활동량	
	실천사항	일본 여행자 클럽 5명 모집	표준인력 증대 및 고객건 판매		보장분석 통한 활동량 증대	
	지역단장 공지	1. 2~13차 실기등 정착율 보고對 10%↑ 표준율을 20%↑ 상향 달성 2. 보장교액건 점담 3건↑ 피달록 보장월혼 전기껜 보고對 10%↑ 달성 3. 조직정예화 8530 보고對 10%↑ 달성, 표준化 극대화 4. 리크루팅 전 기껜 CIS 3명↑ 필달				

NDP 사례 도표 3

일정표를 수립하지 않고 지내던 시절에는 이유 없이 항상 바쁘기만 하고 아차 하며 기회를 놓치는 일이 다반사였다. 출근은 빨랐으나 퇴근은 늘 늦었고 퇴근 후에도 뭔가를 빼먹은 것처럼 찜찜했던 적이 한두 번이 아니었다. 게다가 나의 갑작스러운 지시와 일 처리로 직원들의 일정에 방해가 되는 일도 잦았다.

그러나 NDP를 꼼꼼히 수립하고 공개하여 실행하고 피드백하는 습관을 갖게 되면서부터 상황이 확연하게 달라졌다. 먼저, 중요한 일부터 하게 되었다. 둘째, 일의 양과 질이 달라졌다. 셋째, 해야 할 일을 놓치거나 빠뜨리지 않게 되었다. 넷째, 목적과 의미 없는 일을 줄이게 되었다. 다섯째, 전체가 같은 목표와 방향성을 맞추어 일정을 공개함으로써 상호 간 일정을 존중하게 되고 타인의 일정을 방해하지 않게 되었다. 여섯째, 개운한 마음으로 빠른 퇴근을 할 수 있게 되었다. 마지막으로 성과가 확실히 담보되었다.

결론적으로 NDP의 실천은 전체가 유기적으로 시간을 배치하게 되고, 서로의 시간을 인정해주며 불필요한 보고나 소집을 줄여, 자발적으로 자기 일에 몰입할 수 있게 된다. 무엇보다 일이 많아질수록 시간 계획과 배분, 관리가 더욱 중요해진다. 이 경우 리더의 솔선수범이 중요하다. 먼저 리더가 나서서 자신의 일정을 공개하고 각각의 단계마다 중복과 방해, 간섭이 되지 않도록 살펴야 한다.

내가 실행해본 결과 NDP의 실천은 확실히 성과를 가져다준다.

그런데 일정표를 수립할 때 유념할 것이 있다. 본인의 생체리듬을 파악해야 효과적이다. 본인이 아침형 인간인지, 저녁형 인간인지를 파악하여 집중력이 가장 잘 발휘되는 시간대에 중요 일정을 배치해야 한다. 이때 그 업무가 정신력이 필요한 일인지, 체력이 필요한 일인지도 중요한 고려 요소이다. 내 경우는 집중력이 필요한 일은 새벽이나 오전에 하고 두뇌 집중력과 관련이 적은 운동 같은 것은 오후나 저녁에 배치한다. 그리고 점심시간에 만날 사람과 저녁에 만날 사람을 구별하고 운동을 겸한 만남은 주말에 배치했다. 또 일 년에 한두 번 챙길 일과 분기마다 챙길 일, 그리고 매달 챙겨야 할 일을 구체적으로 적었다. 이렇게 하면 매일의 일은 많지 않은 것 같지만 성과를 얻으며 끝을 맺는다. 업무는 조직 전체와 연결되어 있어 하루가 독립된 시간이 아닌 것이 된다. 하루를 살지만 실은 하루가 아니라 한 주, 한 달, 때에 따라서는 일 년을 사는 것과 같은 효과가 나타난다.

4. 습관

작심삼일의 오해

내가 작심삼일의 진정한 의미를 깨달은 것은 얼마 되지 않았다. 작심삼일이 가진 엄청난 에너지를 모른 채 단지 내가 결단력 없거나 정신력이 부족하다고 자책하곤 했다. 사람에게 작심삼일은 너무나 당연하고 자연스러운 것임에도 우리는 이 말을 부정적인 의미로 쓰는 경향이 있다. 아마도 사람들이 무언가 결심했다가 지속하지 못하고 흐지부지한 상태에서 목표에 잘 이르지 못한다는 점을 강조하기 위하여 만든 이미지 때문인 것 같다. 물론 그런 점도 있기는 하다. 하지만 아무리 의지가 강한 사람이라 해도 결심하고 나서 단번에 실행에 옮겨 원하는 결과를 얻을 때까지 지속하기란 그리 쉬운 일이 아니다.

우리는 기계가 아니다. 우리 몸에 배어 있는 수많은 습관은 수십 년에 걸쳐 쌓인 것들이다. 즉, 많은 작심삼일 끝에 얻어진 결과이다. 그래서 나는 작심삼일을 당연한 것으로 생각하기로 했다. 다만 작심삼일을 한 번으로 끝내지 않고 또 다른 작심삼일을 계속하는 것으로 여겼다. 이러한 작심삼일의 반복은 결국 그 자체로 새로운 에너지를 만들어내 점차 결심을 실행하는 기간을 연장해주었다. 나는 작심삼일이 작심사일이 되고 작심일주일이 되고 작심한달이 되어 마침내 삶을 바꾸는 습관으로 굳어지게 될 것이라 믿는다. 그러므로 그저께 결심한 일이 작심삼일로 끝났다고 자책할 일이 아니다. 당연하게 받아들이고 또 작심삼일을 시작해보자.

습관의 공식

좋은 습관은 수많은 작심삼일이 이어져서 만들어지는 최종 결과인 경우가 많다. 사람에 따라 편차가 있긴 해도 금연 성공이나 다이어트 성공 또는 규칙적인 운동 습관이나 아침 일찍 기상하는 습관 등, 우리 몸에 체화된 많은 습관은 작심삼일이 이어진 결과라 해도 과언이 아니다. 나 역시 몸에 배어 있는 아침 기상 시간이나 기상 후에 하는 스트레칭 그리고 이어지는 활동들 역시 수많은 작심삼일을 통해 갖게 된 습관들이다. 최근에도 서너 가지의 습관을 몸에 익히기 위해 작심삼일과 작심일주일을 반복하고 있다. 내가 늘 강조하고 신뢰하는 공식, 즉 '생각이 바뀌면 행동이 바뀌고 행동이 바뀌면 습관이 바뀌고 습관이 바뀌면 인생이 바뀐다'는 말을 믿기 때문이다. 이 공식은 우리에게 작심삼일의 함정을 통과해야 바뀔 수 있다고 말하고 있다. 좋은 습관이 확실한 결과를 보장하지만 좋은 습관을 들이기까지 수많은 반복의 과정을 필수적으로 거쳐야 한다. 그러므로 작심삼일을 두려워 말고 다시 작심삼일을 시작하자. 작심삼일이라도 계속 도전하다 보면 어느덧 습관으로 자리 잡을 것이기 때문이다.

한 우물 파기

내 주위에는 크게 두 부류의 사람들이 있다. 한 분야에 오랫동안 종사한 부류와 타고난 재능으로 여러 가지 분야에 도전하여 젊은 시절 이미 성공을 거둬 부러움을 한 몸에 받은 부류의 사람들이다. 처음에는 이것저것 도전한 사람들이 좀 더 빠른 속도로 성공하는 것처럼 보인 것도 사실이다. 이 두 부류를 비교하자면 내 삶의 영역이 극히 제한적이지만, 지금까지 만나본 성공한 사람 중에 천재적인 재능을 가진 사람보다는 부족하지만 한 가지 분야에 오랜 세월 도전하여 쓰러지고 넘어지기를 반복하면서 높은 경지에 오른 사람이 더 많다.

다재다능한 사람과 부족한 것이 많은 사람 중에 누가 인생을 더 잘 살아내는가? 짐작하다시피 부족하지만 한 가지에 몰두한 사람들이 성공한 경우가 압도적으로 많았다. 그렇다면 이처럼 부족한 사람들이 놀라운 결과를 내는 이유는 무엇일까? 내가 만나본 재능이 많은 사람 대부분은 무엇이든 할 수 있어서인지 한 가지 일에 오랫동안 집중하지 못했다. 반면 부족하다 느끼는 사람은 이것저것 시도해볼 겨를도 없이 열심히 살아야만 했다. 그래서 오랜 시간 한 가지 일을 하며 많은 시행착오를 겪다가 자신도 모르는 사이 누구도 범접할 수 없는 경지에 오르는 것이다.

경우가 좀 다르지만 프로와 아마추어를 비교해보면 나름대로 의미가 있을 것이다. 흔히들 프로는 재능이 있어 잘 하고 아마추어는 그저 취미나 재미로 하는 사람이라고들 생각하기 쉽다. 물론 그런 점도 있다. 그러나 꼭 그렇지만은 않다. 프로는 우선 자신의 생계를 위해 피나는 연습과 훈련을 한다. 비용을 들여가며 적당히 즐기는 사람과는 차원이 다를 수밖에 없다. 그래서 아무리 재능이 있다 해도 아마추어 선수가 오랫동안 한 우물을 판 프로 선수를 이기기는 어렵다. 프로는 긴 세월 재미없고 지루한 훈련을 반복적으로 견딘 결과 숙련가의 경지에 오른 사람들이다.

여러 가지 자격증이 경쟁력일 때도 있었다. 그러나 오늘날은 무슨 일이든 더 세분화되고 더 전문화되지 않으면 살아남지 못하는 시대가 되었다. 예를 들면 과거에는 한 식당에서 이것저것 다 팔았으나 지금은 냉면집, 만둣집, 두부 전문점, 고깃집처럼 한두 가지 전문 분야로 승부를 건다. 옷가게도 결혼 예복 전문점, 란제리 전문점, 양말가게, 와이셔츠가게 등으로 전문화되고 있다. 누구나 들으면 공통으로 인정하는 스위스의 시계, 일본의 전자제품, 프랑스의 포도주, 미국의 영화 산업, 이탈리아의 의류 산업이 긴 세월 동안 그 명성을 이어오는 것도 한 우물 파기의 예를 보여준다. 이제 웬만한 재능으로 통하는 시대가 아니다. 재능이 있다 해도 여기저기 기웃거리다가는 아무것도 잘할 수 없다.

주변에 키도 크고 머리도 좋고 성격도 좋고 집안도 좋고 얼굴도 잘생긴 사람이 있어 부러워해본 적이 있는가? 사실 이런 사람은 흔치 않다. 혹 그런 사람이 있다손 치더라도 그에게도 말 못할 단점이 틀림없이 있을 것이다. 그 사람을 가까이에서 들여다보면 그도 다 가진 것은 아니란 걸 알 수 있다. 모든 것을 다 가진 사람은 없다. 우리는 자신에게 주어진 재능과 부족한 부분을 가지고 인생을 살아야 한다. 더 많이 갖지 못해 아쉬울 수 있지만 우리가 가진 것만으로도 충분히 잘 살아낼 수 있다. 그렇다고 해서 무작정 아무 일이나 계속 파고들면 된다는 의미는 아니다. 우선 목표가 분명하고 방향이 정확하고 방법이 정당해야 한다.

그렇다면 왜 한 우물을 파기가 어려운가? 첫째, 지금 하는 일의 방향이 맞는지, 혹 잘못된 방향으로 가고 있는 것은 아닌지, 자꾸 의구심이 생겨서이다. 둘째, 결과에 대한 확신이 없어서이다. 방향과 방법이 옳으면 결과는 확실하지만, 지루한 일을 반복한 후에야 결과를 얻을 수 있다는 것을 명심해야 한다. 셋째, 더디게 이루어지는 결과가 지속적인 도전을 막는다. 첫술에 배부를 수 없음을 알고 꾸준히 도전해야 한다. 한 우물을 파는 일에는 이런 여러 가지 방해물을 뚫고 나갈 수 있을 만큼의 용기와 미래에 대한 확신이 필요하다. 그리고 한 우물을 파는 인생의 긴 여정 속 도전에서 얻는 작은 성공 경험은 큰 힘이 될 것이다.

5. 선택

잘못된 선택과 현명한 선택

"순간의 선택이 평생을 좌우한다"는 말이 있다. 단 한 번의 기회인 인생을 잘 살기 위해 우리는 태어나서부터 죽는 순간까지 끊임없는 선택을 하게 된다. 점심 메뉴로 무엇을 먹을까, 오늘은 어떤 옷을 입을까 같은 사소한 선택도 있고, 어떤 사람과 결혼할까, 어떤 직업을 가질까 같은 운명을 가르는 선택도 있다. 이러한 선택은 개인의 문제만이 아니다. 회사나 국가도 한 번의 선택 때문에 치명적 손실을 보거나 영광된 미래를 얻는 것을 보곤 한다.

어린 시절 6·25전쟁을 경험한 아버지 세대에게는 군대 가는 것을 죽으러 가는 것과 진배없다고 생각하여 가능하면 피하려고 하는 분위기가 퍼져 있었다고 한다. 군대에 가기 싫어 평생 도망자 신세를 선택한 사람도 있을 정도였다. 대부분의 사람들은 끌려가다시피 군대에 가게 되었는데, 아버지도 마찬가지였다. 그런데 아버지가 그렇게 가기 싫어하셨던 군대가 공교롭게도 향후 인생을 선택하는 데 큰 영향을 미쳤다. 아버지는 미군 부대, 즉 지금의 카투사에 배치되었다. 산골에서 태어나 농사밖에 모르던 사람이었는데 서울에서 미군들과 군 생활을 하시면서 농사 외에도 다른 세상이 있다는 것을 깨닫게 된 것이다.

미군 부대 근무를 마치고 제대한 아버지는 형과 나를 서울로 유학 보내려는 과감한 선택을 하셨다. 우리 시골 마을에서 당시 아버지 또래의 어느 누구도 아버지를 이해하지 못했다. 주변 사람들은 아버지에게 괜한 짓을 하여 없는 살림을 더 축내고 아이들은 고생만 할 것이라고 손가락질했다. 그런데 아버지의 선택은 다른 사람과 비교할 수 없을 정도로 탁월한 것이었음이 증명되었다. 중학교 시절 내내 한눈팔다가 겨우 고등학교에 진학하여 뒤늦게 정신을 차리고 주산 자격증을 딴 동네 형이 있었다. 그 형이 가진 주산 5단 자격증이면 당시로는 꽤 유망한 자격증이었고 뒤늦은 공부였지만 대단한 열정이라는 평가도 받았다. 그런데 그가 자격증을 따고 얼마 되지 않아 전자계산기와 컴퓨터가 도입되어 자격증이 쓸모없어져버렸다. 안타까운 선택이었다.

선택의 대가

선택에는 변화와 책임이 필수적으로 뒤따른다. 아들의 서울 유학을 선택한 아버지는 학비를 조달하기 위해 감당하기 어려운 고생을 해야 했고, 나와 형도 유학하면서 나름의 고생을 감수해야만 했다. 대부분 이런 변화로부터 생기는 고통이 싫어 현실에 안주하려고 한다. 개인뿐만 아니라 조직도 이러한 선택의 속성에서 벗어나지 못한다. 나는 현업에서 오랫동안 고객에게 세상의 변화를 받아들이고 미래를 위해 합리적인 선택을 하라고 권했으나 쉽게 받아들이지 않았다. 변화를 선택하지 않으면 미래는 우리에게 위협적으로 다가올 것이 자명했지만 사람들은 현재의 편안함을 선택했다. 시간적 여유가 없다, 돈이 없다, 현실성이 없다 등등, 변화를 선택하지 않는 이유는 다양했다. 그때 선택을 두려워했거나 당장의 고통이 싫어서 선택을 미뤘던 사람들은 지금 어떻게 되었을까?

올바른 선택을 위한 제언

행복한 인생을 위해 우리는 어떤 선택을 해야 하고 어떤 변화를 받아들여야 하는가?

첫째, 미래를 예측하는 지혜를 키워야 한다. 물론 쉽지 않은 일이다. 변화하는 다양한 정보를 열린 마음으로 받아들여 현재에 적용하고 동시에 미래를 보는 능력을 키워야 한다. 무엇보다도 작은 것, 누구나 볼 수 있는 것, 당연한 그것부터라도 적용하고 미래를 보는 훈련을 해야 한다. 그러다 보면 좀 더 큰 것, 멀리 있는 것, 어려운 것들을 보는 능력이 생긴다.

둘째, 현실을 냉정하게 직면하는 용기가 필요하다. 이성적으로는 이미 알고 있지만 현실적인 어려움 때문에 직면할 용기가 없어서 외면하는 것이 많다. 본인의 실상을 있는 그대로 인정하고 그에 맞추어 행동하려면 직면하는 용기를 내야 한다.

셋째, 열린 마음으로 변화를 수용해야 한다. 익숙한 것과 일반화된 것들이 꼭 맞는 것은 아니다. 우리 마음이 열려 있지 않으면 관행과 문화라는 핑계로 별 문제의식 없이 잘못을 저지르게 되고 부정을 용인하거나 눈감는 경우를 만나게 된다. 더러는 현재의 방식을 고수하기보다 열린 마음으로 변화를 받아들여야 한다.

넷째, 선택을 차일피일 미루면 안 된다. 결단하고 선택하고 용기 있게 실행하는 것은 말처럼 쉬운 일이 아니다. 하지만 적당히 타협해서는 아무것도 할 수가 없다. 제일 나은 선택을 하기 어렵다면 차선이라도 선택하고 실행하다가 바꾸어가면 된다.

다섯째, 사람은 모두 다르고 개별적인 존재임을 기억해야 한다. 인간은 관계 속에서 살아가는 사회적 동물이자 환경의 동물이다. 이러한 관계들이 우리들 삶의 많은 부분에 영향을 미치지만, 인생은 철저하게 다르고 개별적이다. 그러나 시류에 휘둘리고 비본질적인 것들에 얽매여서 자신만의 인생을 살지 못하는 모습을 자주 보게 된다. 다른 사람의 돈이 많고 적음이나 지위의 높고 낮음 등이 나에게는 그다지 중요하지 않다. 결국 모든 것은 본인의 몫이다. 나이가 들어갈수록 사람은 모두 개성이 다르지만, 개인 하나하나가 모두 소중하다는 생각이 든다. 그러므로 타인의 기준이 아닌 각자의 상황에 맞게 적절한 선택을 하는 것이 현명한 일이다.

6. 결과

골프를 시작하다

골프는 체급이 무시되는 운동이다. 거리를 통해 나이나 성별에 따른 강점을 부여하긴 해도 신체 조건에 따른 차이를 두지는 않는다. 자신의 핸디캡은 클럽 선택을 통해서 약간 조정할 수 있을 정도이다. 골프는 심판이 없는 게임이기도 하다. 자기 스스로 규칙에 따라 경기에 임한다. 규칙을 준수하는 데 있어 남에게 관대하고 자신에게 엄격하면 신사가 되고, 반대로 남에게 엄격하고 자신에게 관대하면 예의 없는 사람이 된다. 경기 중 수많은 돌발 상황에서 차분함과 평정심을 유지하고 동반자를 배려하며 근사한 사람이 되기가 쉬운 일이 아니다.

나는 업무상 필요에 의해 마흔여섯 살에 골프에 입문했다. 좀 더 젊은 나이에 시작했더라면 스윙 자세도 훨씬 예쁘고 정석대로 배울 수 있었을 텐데 하는 아쉬움이 있다. 하지만 골프를 시작했을 때는 움직이는 공도 아닌 정지된 공을 치는 골프가 그렇게 어려운 운동인지 꿈에도 몰랐다. 그냥 한두 달 연습하면 대충 어울릴 수준은 될 줄 알았다. 평소에 헬스, 수영, 테니스 등 운동을 꾸준히 해온 터라 습득도 빨리 할 것으로 기대했다. 그러나 막상 해보니 생각만큼 쉽지 않았다.

　내가 세상에 태어나서 내뱉은 욕보다 골프장에서 혼자 자책하며 속으로 중얼거린 욕이 더 많을 것이다. 주말, 그 귀한 시간에 골프장을 다녀오면서 몸 버려, 돈 버려, 성질까지 버린다고 후회한 날이 한두 번이 아니었다. 하루는 골프장 다녀와서 그 날의 형편없는 경기가 너무 속상하여 이불을 뒤집어쓰고 누워버린 적도 있다. 아무튼 골프를 포기하고 그만두고 싶은 적이 한두 번이 아니었다.

　처음부터 난 골프를 즐기지 못했다. 일단 시작하고 보니 내 성격이 고스란히 드러났다. 성취욕이 강하고 급해서 빨리 승부를 보고 싶어 안달했다. 편안한 마음으로 자연을 즐기며 좋은 사람들과 만남에 의미를 두고 골프를 쳐야 하는데 난 그게 안 되었다. 잘 치고 싶고, 연습에 대한 보상도 받고 싶어 했다. 나보다 먼저 시작해서 잘 치는 친구나 동료가 그렇게 부러웠고, 나는 그렇게 안 될 것 같은 좌절감에 실망하기도 했다. 100타, 90타, 80타, 70타는 하늘과 땅 차이라는 것도 정말 몰랐고, 한 타의 점수를 줄이기 위해서 얼마나 엄청난 연습과 필드 경험이 필요한지도 당연히 몰랐다.

골프와 영업

　골프를 통해 세상에는 공짜가 없으며 어떤 결과도 쉽게 이루어지지 않는다는 것을 새삼 경험했다. '완성을 향한 끊임없는 도전'

이란 좌우명이 골프만큼 제대로 적용되는 일도 드문 것 같다. 내가 평상시에 생각하고 말해왔던 영업과 직장 생활에 대한 여러 공식과 원칙들이 골프에서도 그대로 증명되었다. 결국 '시간과의 싸움'이라는 생각으로 마음을 다잡고 난 후로는 조금씩 진도가 나가기 시작했다.

매일 새벽 출근 전에 연습장을 들렀다. 평소 출근 전 아침 운동을 하는 습관이 몸에 배 있어서 어려운 일은 아니었다. 비록 골프 재능은 부족해도 매일 꾸준하게 연습하는 성실성 하나만은 자신 있었다. 그렇게 꾸준히 연습한 결과 어느 순간 100타가 깨지고, 90타가 깨지더니 골프 입문 8년 만에 78타를 치는 날도 생겼다. 물론 그날은 믿기 어려운 행운이 연속으로 따라준 기적의 결과였다. 그런데 한번 70대 타수를 치고 나니 그다음부터는 아주 가끔 70대 타수를 기록하곤 했다. 100타만 깼으면 했고, 90타를 언제 깨나 했고, 85타만 치면 여한이 없겠다 했는데, 이제는 누구와도 여유 있게 어울릴 정도는 되었다.

이렇게 된 원인은 단 한 가지, '완성을 향한 끊임없는 도전'이라는 인생 공식 덕택이다. 골프를 하면서 영업과 너무나 닮아 속으로 놀란 적이 많다. 당연하게도 좋은 결과는 올바른 프로세스에서 나온다. 그래서 올바른 방법으로 꾸준히 연습해야 올바른 결과를 얻을 수 있다. 혹시나 하는 요행수는 역시나로 끝나기 일쑤다. 실력은 물론이고 마음을 다스리는 멘탈도 중요하다. 속도나 거리만큼 방향도 중요하다. 욕심이 화를 부르기에 순간순간 냉철한 전략과 전술이 필요하다. 모든 일이 그러하듯 골프 역시 뿌린 대로 거두는 운동이다. 연습은 나를 실망시키지 않았다. 골프나 영업이나 초보 때는 혹시나 하는 기대감이 역시나 하는 실망감으로 변하지만, 연습한 만큼 어김없이 좋은 결과를 가져다주었다. 골프는 나에게 재능이나 소질이 부족한 누구라도 바른 방법과 올바른 공식에 따라 꾸준히 연습하면 일정한 수준까지는 오를 수 있고, 뿌린 만큼 거둔다는 평범한 진리를 깨우쳐주었다.

3장

품격 있는 삶을 위한 에너지

나에게는 나를 움직이는 보편적인 에너지와 의지적인 에너지라 할 수 있는 자기계발의 에너지 말고도 품격 있는 삶을 살고 싶은 에너지가 있다. 이것은 내면의 소리일 수도 있고 이성의 작용일 수도 있고 더불어 살아야 하는 공동체의 일원으로서 역할을 해야 한다는 요구일 수도 있다. 왠지 모를 마음속 깊은 소리가 품격 있고 성숙한 인간이 되고 싶은 울림으로 나를 자극하곤 했다. 나는 이것이 나에게 영향을 주는 다른 차원의 초월적 에너지라고 생각하고, '품격 있는 삶을 위한 에너지'라고 명명했다.

1. 큰 바위 얼굴

소설

    내 인생에 큰 영향을 준 책 중 하나가 나다니엘 호손^{Nathaniel} Hawthorne의 소설 《큰 바위 얼굴》이다. 교과서에 실려 우리 세대라면 모르는 사람이 없을 것인데, 나는 반복해서 여러 번 읽어 모든 장면이 눈에 훤하다.

    소년 어니스트가 사는 곳은 산속 계곡에 자리하고 있는 풍요로운 마을이었다. 이 계곡에서 마을 뒷산을 바라보면 사람의 형상과 아주 흡사한 바위들이 마을을 내려다보고 있다. 가까이서 보면 단지 바위일 뿐이지만 마을 사람들에게 큰 바위 얼굴의 모습은 마을을 지켜주는 인자한 산신령과 같은 존재다. 정직한 어니스트는 어머니로부터 이 계곡 출신 중 큰 바위 얼굴과 똑같이 생긴 위대한 인물이 나타날 것이라는 전설을 전해 듣고 언젠가 그 인물을 만나게 될 것이라는 소망을 키워간다. 어니스트는 어린 시절부터 청년, 장년, 노년에 이르기까지 한없이 자애로운 미소와 가르침으로 지켜봐주는 큰 바위 얼굴이 실제로 나타나기를 기다린다. 위대한 상인이자 거부인 개더 골드, 수많은 전쟁을 승리로 이끈 블러드앤드선더 장군, 위대한 정치가, 시인에 이르기까지 간절한 마음으로 큰 바위 얼굴과 같은 사람을 기다렸지만, 어니스트는 이들에게서 항상 무엇인가 모자란다는 생각에 실망하곤 했다. 그러는 사이 평범한 농부였던 어니스트는 자애와 진실, 사랑을 설파하는 설교가가 된다. 계곡에서 설교하면 마을 사람들뿐만 아니라 먼 곳에서도 어니스트의 설교를 듣기 위해 찾아온다. 그런 어니스트의 모습은 자비롭고 신비롭기까지 하다. 어니스트의 설교를 듣기 위해 계곡을 찾아온 시인은 어니스트의 모습에서 큰 바위 얼굴을 발견하지만, 어니스트는 여전히 위대한 인물을 기다린다.

롤 모델

내게도 나를 매혹시킨 수많은 사람이 있었다. 그때마다 그들을 닮고 싶었다. 그러나 어느 때인가 본보기였던 그 사람이 보통 사람만도 못한 행동을 하는 것을 보면서 실망한 적이 한두 번이 아니었다. 그러면 나는 어김없이 또 다른 대상이 나타나기를 희망했다. 직장 생활을 하면서 본보기가 되어줄 분을 더 많이 기다렸다. 처음 만난 상사의 실력과 경험과 지도력에 반한 나는 매우 흥분했다가 이내 그분의 한계에 실망하기도 했다. 그러던 어느 순간 나의 부하직원이나 동료들도 나를 보면서 나와 유사한 과정을 거칠 수 있겠다는 생각에 이르렀다.

왜 이런 현상이 생기는 걸까? 아마도 일정한 시간이 지나면 사람은 성장하거나 머무르거나 퇴보하게 되는데, 성장하는 경우를 제외하고는 대상에게서 느끼는 감동이 줄어들 수밖에 없기 때문일 것이다. 지속적인 성장을 하는 사람은 흔치 않다. 오랜만에 만난 친구가 기대보다 실망스럽게 변한 경우가 더 많은 경우와 비슷하다. 어쩌면 자신이 성장해서 상대가 퇴보한 것처럼 느낄 수도 있을 것이다. 어니스트처럼.

자기성찰

이런 경우들을 거치면서 나는 누구라도 노력하지 않으면 언제든지 돌이나 콘크리트처럼 딱딱하게 굳어져버릴 수 있겠다는 생각을 했다. 사람의 지위가 올라가고 힘이 세질수록 점점 충고와 직언이 사라지게 된다. 귀에 거슬리는 말은 멀리하고 시쳇말로 달콤한 용비어천가만 들으려 하는 경향이 생기기 때문이다. 이런 상태가 지속되면 자기반성과 성찰이 어려워지고 성장은 멈추게 된다. 성장만 멈추면 그나마 다행이다. 자신에게는 한없이 관대하면서 남에게는 혹독한 잣대를 들이대는 자기 함정에 빠지게 됨으로써 불편하고 피하고 싶은 사람으로 변해간다. 원래 사람은 이기적이고 자기중심적인 성향이 강해서 훈련을 하지 않으면 이와 같이 변하는 것이 자연스러운 현상이다.

중국 역사에서 당 태종은 '정관의 치'라는 태평성대를 연 군주로 칭송이 높다. 당 태종이 그렇게 성군의 평가를 받게 된 데에는 직언을 서슴지 않았던 위징 같은 신하가 있었기에 가능했다. 당 태종은 '현무문의 변'이란 정란으로 자신의 친형을 죽인 무자비한 인물이다. 이런 약점을 지니고 권좌에 올랐지만, 그는 주변에 자신이 행하는 일에 대해 충고하거나 제동을 걸 만한 인물을 두고 정사를 펼쳐 누대에 걸친 성군이 되었다. 당 태종에게 가장 많은 바른 소리를 한 인물이 바로 위징이었는데, 위징은 자신이 죽인 형의 오른팔이었던 인물이다.

세종대왕 역시 고려 출신이자 형 양녕대군의 폐 서자를 강력히 반대했던 황희를 영의정으로 발탁하여 중용의 치세를 펼쳤다. 자신이 만든 집현전 학자들이 본인의 개혁 정책에 적극적으로 반대해도 끝까지 그들의 입과 귀를 막지 않았다. 결국 세종대왕은 우리나라 최고의 성군으로 위대한 업적을 남겼다.

서양 속담에 '구르는 돌에는 이끼가 끼지 않는다'는 말이 있다. 사람도 마찬가지가 아닐까? 스스로 노력해야 우리의 품성에도 이끼가 끼지 않을 것이다. 사람은 하루아침에 변하지 않는다. 그래서 끊임없는 담금질이 필요하다. 늘 솔직한 충고와 조언을 해줄 친구를 옆에 둬야 한다. 이해관계가 적은 배우자 같은 가족이면 더 좋다. 요즘 같은 세상에 누가 괜히 남에게 조언이나 충고를 해주겠는가? 이렇게 조언과 충고를 통해 자기 한계를 인식하고 자신을 돌아보는 성찰의 노력이 계속될 때, 자신을 넘어서는 품격을 갖춘 어니스트와 같은 큰 바위 얼굴이 되지 않을까?

죽는 날까지

우리는 일평생 사람들과 관계를 맺으며 살아간다. 수많은 사람 중 누구를 만났을 때 즐겁고 행복한가? 혹시 불편하고 지루한 경우는 없는가? 상대방의 일방적인 이야기만 듣게 되거나 변하지 않은 모습에 답답함을 느끼지는 않았는가? 똑같은 이야기를 수도 없이 듣게 되지는 않는가? 오직 자기 문제에만 집착하여 빠져 있는 경우를 본 적은 없는가? 어쩌면 나도 상대에게 똑같이 퇴화한 존재로 비치고 있는지 모른다. 반면 나이와 관계없이 생각이 유연하고, 만나면 즐겁고, 존중받는 느낌을 주고, 늘 성장하는 모습을 보이는 사람은 언제든 또 보고 싶어진다. 나는 가능하다면 죽는 날까지 자신을 성찰하고 나와 상대를 즐겁게 하려 애쓰고 배려하는 마음이 넉넉한 사람으로 살고 싶다.

2. 사람다움

마음속의 송곳

나는 참 이기적인 편이어서 늘 자신의 문제에 몰두하며 살아왔다. 그렇다고 본능대로 살았다는 의미는 아니다. 나 혼자만 잘 먹고 잘 살고자 한 것은 아니었는데 기본적인 생활을 지키려고 하다 보니 주위에 눈 돌릴 틈이 없었다. 그런 나에게도 어떻게 사는 것이 옳은지, 무엇을 추구하고 살아야 하는지, 그리고 삶에서 무엇을 남길 것인지에 대해 생각하며 살고자 하는 초월적 에너지가 있다. 내가 오직 나 자신과 가족만을 위해 살고 있을 때 마음속 깊은 곳에서 가끔 뜻 모를 음성이 들리는 것을 경험하곤 했다. 그 음성은 '내가 제대로 살고 있는가?' 반문하게 하고 가슴을 찌르는 송곳이 되어 마음 한쪽에 자리 잡고 있었다.

부채의식

지구상의 모든 동물 가운데 부모의 보살핌이 없으면 혼자서 생존하기 어려운 유일한 존재가 인간이 아닐까 싶다. 성인이 되어서도 생존에 필요한 대부분을, 즉 일상생활에 필수적인 의식주뿐만 아니라 자동차, 각종 가전제품, 운동 또는 놀이용 도구 등, 모든 것들이 부모의 도움을 넘어서 누군가의 발명과 제작 형태의 도움으로 우리가 제공받고 있다. 조금 더 확장해보면 내가 살아가는 이 땅은 선조들의 피와 땀이 서려 있는 곳이다. 그뿐만 아니라 선조들이 만들어놓은 문명을 지금 내가 누리고 있다. 비가 오나 눈이 오나 국방의 의무를 다해주는 군인들이 있어 안전한 삶을 유지하고 있고, 누군가 내준 세금으로 만든 도로와 각종 안전시설을 사용하며 편안하게 지내고 있다. 공원에 갖춰진 화장실, 건강달리기 코스에 설치된 각종 운동기구, 적은 비용으로 치료 받을 수 있는 의료보험 혜택, 빛나는 재능으로 우리를 즐겁게 해주는 예능인, 한국인의 자긍심을 갖게 해주는 운동선수들, 삼엄한 군부 통제에서도 민주화를 이루는 데 함께 싸워준 친구들, 정의롭고 공정한 사회를 만들기 위해 애쓰는 정치인들, 그 외에도 내가 무심코 누리는 많은 것들이 누군가의 노력과 희생으로 얻어진 결실이라는 걸 나는 잊지 않으려 노력한다. 물론 나도 열심히 살고 있으니 이 사회에 조금이나마 보탬이 되고 있을 것이다. 그래도 여전히 내가 나눈 그것에 비교해 받은 것이 더 많은 것이 사실이다. 그래서 나는 이 사회에 대한 권리 주장보다는 사회로부터 받은 것들에 대한 부채의식이 더 크다.

인간다움

나에게 있어 인간다움이란, 이러한 부채의식으로 생긴 삶의 에너지가 자신을 넘어 이웃과 사회와 공동체를 위해 살고자 하는 에너지로 확장되는 것을 의미한다. 동물은 다른 동물과 먹을 것을 나누지 않는다. 만약 먹을 것을 배고픈 남과 나누지 않는다면 내가 동물과 다르다고 할 수 있을까? 인간다운 성숙함은 배고픈 이웃과 음식을 나누는 것처럼 남을 위한 헌신과 희생과 배려를 실천할 때 조금이나마 가능할 것이다.

내가 만난 설계사 중에는 자전거나 작은 오토바이를 타고 다니면서 늘 웃는 얼굴로 씩씩하게 일하는 분이 있다. 열심히 하는 것을 넘어 악착같이 일을 했는데, 왜 그런가 물었더니 가톨릭 신자인 그분은 홀로 사는 노인을 몇 명 보살피고 있다고 했다. 열심히 일해서 더 많이 벌어야 어르신을 더 많이 돌볼 수 있다는 것이다. 그분의 말에 절로 고개가 숙여졌다.

인간다운 사람이 많은 사회는 성숙한 사회로 진입한 것이다. 불행하게도 우리 사회는 아직 본인의 성공은 오로지 자신의 능력과 노력이라고 생각하는 사람이 더 많다. 그들이 무인도에 떨어지고도 그런 생각을 할 수 있을까? 나의 성공이 다른 사람의 보이지 않는 도움 덕택임을 깊이 생각해봐야 할 부분이다.

3. Give and Take

주는 것과 받는 것

시골에서 서울로 전학을 와 자취 생활을 하던 시절, 주일날 교회에 가면 큰고모님이 가끔 천 원이나 오천 원을 손에 쥐어주셨다. 수십 년이 지난 지금도 고마운 마음이 생생히 남아 있다. 그런데 정작 큰고모님은 나에게 용돈을 주신 사실을 전혀 기억하지 못한다. 중학교 2학년 때 담임선생님은 젊은 여성분이었는데 학기 초에 가정방문을 다니셨다. 나는 자취방이 너무나 남루해서 어찌해야 할지를 모르고 당황했었다. 선생님은 남학생 혼자 사는 집 앞에서 쑥스러워하는 나를 밖으로 불러내어 손에 귤 한 개를 쥐어주시고 내일 학교에서 보자 하시며 총총히 돌아가셨다. 그때 선생님의 배려와 손에 쥐어준 귤은 그 후로 오랫동안 선생님을 좋아하고 존경하는 계기가 되었다. 한번은 원치 않는 발령으로 상심하고 있는데, 동료가 찾아와 진심으로 위로해준 일이 있었다. 그는 오늘의 인사가 비록 실망스럽더라도 당신의 직장 생활을 10년은 연장해줄 거라고 나를 다독였다. 그런데 거짓말처럼 그 말이 현실이 되었다.

이처럼 살아오면서 누군가에게 받은 감동의 선물은 시간이 지나도 또렷이 기억한다. 그것이 선물이든, 배려든, 위로든 상대방이 베풀어준 고마운 마음이 나에게 새겨지는 것이다. 반면에 내가 남에게 준 것들은 잘 기억나지 않는다. 하다못해 명절에 세뱃돈이나 용돈을 제법 줬을 텐데도 말이다. 직장 생활을 하면서도 마찬가지다. 업무상 많은 사람에게 선물을 주었지만 대부분 기억이 없다. 사람마다 정도의 차이는 있겠지만 준 것보다는 받은 것을 더 잘 기억하는 것 같다.

여기서 중요한 점은 인간은 본능적으로 주는 것보다 받는 것을 더 좋아하지만, 행복한 기억은 반대의 경우가 된다는 것이다. 즉 내가 주면 상대가 행복한 기억을 갖게 되고, 상대가 베풀면 나에게 행복한 기억이 쌓이는 것이다. 그러므로 내가 많이 베풀면 나는 기억하지 못하지만 나를 기억하는 사람들이 많아지게 된다. 반대로 받기만 바라며 베풀지 않은 사람은 그를 기억해줄 사람이 별로 없게 된다.

한편 받은 사람들의 일반적인 심리 반응은 받은 만큼 돌려주고자 하는 부채의식을 갖게 된다. 혹 갚아야 할 대상이 없으면 다른 사람들에게 그 사람을 칭찬하여 말로라도 갚으려 한다. 그래서 받은 사람들은 자기도 모르게 베푼 사람에 대한 평판을 좋게 만든다. 따라서 많이 베푼 사람일수록 주변에 좋은 평을 듣게 되어 있다. 이러한 현상은 비단 개인 간의 관계에서뿐만 아니라 비즈니스 현장과 조직 내에서도 다양한 형태로 나타난다. 어느 식당에서 지불한 가격보다 음식이 맛있거나 좋은 서비스를 받게 되면 사람들이 그 식당을 널리 알리고 칭찬하는 것도 같은 이치이다. 베풂은 행복을 낳고 그 행복은 바이러스처럼 퍼져 사람과 사회를 아름답게 한다. 이것이 주는 것과 받는 것의 요체이다.

골든 룰

성경에는 '누구든지 대접받고 싶거든 먼저 남을 대접하라'(마 7:12)라는 인생의 골든 룰이 있다. 그것은 내가 먼저 베풀면 상대가 따라서 베푼다는 의미이다. 그런데 베푼 사람 다르고 받는 사람이 다른 경우를 종종 보게 된다.

내가 베푼 사람에게 직접 보답받는 것이 아니라 내가 베푼 사람은 A인데 나에게 갚는 사람은 B인 경우가 있다는 것이다. 그래서 사람들은 이해할 수 없는 행운을 보면 전생에 조상들이 나라를 구했나보다 하고, 이해할 수 없는 불행이 반복되면 전생에 무슨 죄를 지었기에 이런 일이 발생하는가 하며 푸념하기도 한다. 인간은 눈에 보여야만 믿는 경향이 강해서 오늘 베풀면 내일 돌려받아야 한다고 생각한다. 그러나 내가 베푼 선행을 설혹 내가 받지 못했더라도 그 선행은 없어지지 않는다. 내 친구가 받았거나 내 자손이 받게 되거나 아니면 사회 구성원들에게 돌아가 더 큰 에너지가 되기도 한다.

give와 take는 밀접한 상호작용을 한다. 그러므로 일방적인 give

나 일방적인 take는 지속되기 어렵다. give가 지속되기 위해서는 give가 지속될 수 있는 에너지가 필요하다. 그 에너지가 받는 자의 반응이다. 주는 것이 힘을 얻기 위해서 준 것만큼은 되돌려 받으려는 거래의 속성을 말하는 것이 아니다. 예를 들어 내가 누군가를 대접했을 때 상대방이 '진심으로 감사하다'는 반응을 보이는 경우와 '대접할 만하니 하겠지'라는 반응은 전혀 다른 것이다. 강의할 때도 마찬가지다. 적극적으로 경청하고 반응을 보이면 강사는 더 힘이 나서 하나라도 더 알려주려고 열강하게 된다.

'give and take'는 주고받는 거래가 아니라 'give and take and give'로 가게 하는 작용이라 할 수 있다. 꼭 물질만의 보답이 아니라 진심을 담은 위로의 말이나 감사의 말 그리고 작은 정성이 상대에게 힘을 주는 것이다.

영어 단어에 'commission'이란 단어가 있다. 이 단어는 mission과 come의 합성어인데 그 의미가 mission만 완수하면 commission이 저절로 따라서 온다는 뜻이라 한다. give 할 때 take를 기대하지 말고 그저 give 하면 그 이후는 저절로 give의 기능이 작동한다는 것이다.

4. 진정한 자존감

콤플렉스

초보 운전자가 '초보 운전'이란 표시를 부착하고 다니는 것은 본인의 안전과 상대방의 안전을 위해 매우 중요하다. 그런데 나는 초보 시절 왠지 초보 운전 표시가 창피해 떼고 다녔다. 다행히 별사고 없이 초보 딱지를 떼고 나름 베테랑이 되었는데, 이번에는 아내가 운전을 배우게 되었다. 모범생인 아내는 초보 운전 표시를 부착하고 다녔다. 그러던 어느 날 우연히 내가 아내 차를 운전하게 되었는데 이번에는 초보 운전 표시가 전혀 창피하지 않았다. 자존심 상한다고 내가 초보 운전 표시를 떼고 다녔던 것은, 실은 초보 운전자라는 내 자격지심이었다.

나는 대학 시절에도 콤플렉스에 시달렸다. 돈이 없어 당장 생활이 어려웠으므로 아르바이트가 끊기면 어쩌나 늘 전전긍긍했다. 그러나 자격지심에 겉으로는 태연한 척하려고 애썼다. 내게는 아주 부자인 친구가 있다. 그 친구는 외모나 옷차림에 그다지 신경 쓰지 않는다. 오히려 내가 그 친구보다 옷을 더 잘 입고 다녔다. 자격지심이 강했던 나는 늘 겉모습으로라도 가난한 나 자신을 가리고 싶었다. 콤플렉스로 인한 내 허약한 부분도 감추고 싶어 했다.

1988년 말, 회사에서 포상으로 대만과 일본 여행을 간 적이 있다. 당시 대만과 일본은 우리보다 국민소득이 높아서 사람들의 차림새가 화려할 것으로 생각했는데, 막상 가서 보니 오히려 검소해서 놀랐다. 내 반응을 눈치챈 인솔자는 그들의 겉은 수수해도 통장 잔액은 우리보다 훨씬 많다고 했다. 지금은 우리도 일본과 대만 못지않은 경제력을 자랑하지만, 여전히 외모 꾸미기에 관심이 많고 좋은 자동차나 큰 집을 선호하고 있다. 우리 내면이 약해서인지 남의 눈을 많이 의식하는 국민성 때문인지 모르겠다. 그래도 요즈음 젊은 세대들은 우리 세대보다 확실히 남의 시선을 덜 의식하는 것 같아 다행이다 싶다.

콤플렉스는 확실히 허약한 내면에서 발생한다. 이는 자신의 내면을 자신감으로 채워야만 극복할 수 있다. 지금이야 여성의 사회생활이 보편화되어 있지만 30년 전만 해도 오직 여성 직원들만 관리하는 직업은 특이한 직업이었다. 게다가 보험이란 상품을 사람들이 선호하지도 않아서 나는 괜한 자격지심이 있었다. 영업이라는 직종이 늘 을의 처지라는 점도 콤플렉스를 자극했다. 그러나 내가 좀 더 강해지고 함께 일하는 조직이 좀 더 강해져서 나 자신과 동료들의 삶이 윤택해지자 콤플렉스는 점차 사라지고 자존감이 높아갔다. 일을 하다 보면 자존심 상해 못해먹겠다는 말을 종종 듣는데 자세히 들여다보면 자격지심에 시달리는 사람들이 주로 그런 반응을 보인다. 스스로 갖추어야 할 것을 갖추고 있으면,

어떤 외부의 자극에도 휘둘리는 일이 적어지고 점차 자존감이 높아져서, 어떤 외부의 자극과 공격에도 견딜 수 있게 된다.

면역력

면역력이란 우리 몸이 바이러스나 병원균 같은 외부의 공격을 물리치면서 병을 이겨내는 힘을 말한다. 감기나 독감이 유행할 때 어떤 사람은 심하게 고생하지만 어떤 사람은 가볍게 앓고 별 탈 없이 지나가거나 아예 증상도 없이 무탈하게 넘어가는 경우를 볼 수 있는데, 이런 차이를 만드는 것이 바로 면역력이다. 사실 좋은 면역력은 그냥 주어지는 것이 아니라, 병과 싸우는 과정에서 조금씩 생겨난다. 즉, 감기에 걸려 땀을 흘리고 끙끙 앓는 것은 우리 몸이 외부의 나쁜 기운과 열심히 싸우고 있다는 증거이다. 이렇게 우리 몸은 나쁜 기운과 싸워 이기면서 이전보다 더 튼튼하고 좋은 면역력을 키워가게 되는 것이다.

정신의 면역력도 기본적으로 이와 다르지 않다. 콤플렉스는 누구에게나 있다. 물질적으로는 부자로 살았으나 가족관계에서 상처를 받은 사람, 부모로부터 사랑을 받고 자랐지만 가난해서 원하는 공부를 하지 못해 학력에 대한 열등감이 있는 사람, 외모 때문에 친구들에게 놀림을 받은 상처가 있는 사람 등 그 이유도 다양하다.

우리의 정신 역시 자신의 약점을 있는 그대로 인정하고 받아들이면 오히려 힘이 생기고 점차 관대해지며 자존감이 높아져 내적 면역력을 갖게 된다. 그리고 이렇게 생긴 면역력이 자신을 강하게 만들어주고 궁극적으로는 더 큰 자존감을 채워준다. 나의 콤플렉스와 싸우려 말고 있는 그대로 인정하자. 그러면 마음의 평화와 함께 정신적인 면역력이 더욱 향상될 것이다.

5. 담금질

변곡점

　사람들 중에 누가 역경이나 시련을 원하겠는가? 그러나 살다 보면 누구나 크고 작은 시련을 겪게 되어 있다. 시련은 크기나 정도와 무관하게 고통스러운 법이고, 남의 큰 시련보다 본인의 작은 시련이 더 크게 느껴지는 법이다. 그런데 그러한 시련이 누군가에게는 더 큰 도약을 할 수 있는 변곡점이 되고, 누군가에겐 나락으로 떨어지는 원인이 되기도 한다.

　지금 이 순간에도 받아들이기 어려운 상황이나 억울하고 힘겨운 시련의 터널을 지나고 있는 사람이 많을 것이다. 이 시기를 인생의 담금질이라 여기고 묵묵히 때를 기다리는 지혜로운 시간을 가졌으면 좋겠다. 실제로 수많은 성공담이 그걸 증명해주고 있으니 말이다. 내 경우도 직장 생활 중 크고 작은 어려움이 있었지만 17번의 인사 가운데 지역 본부장에서 남성 채널 사업부장으로 발령 난 사건이 기억에 남는다. 남들에게는 잠깐 지나치는 작은 일이지만 나에게는 최초로 맞보는 좌절이었다. 그런데 앞에서 언급했듯이 이 인사가 나에게는 가장 큰 영광을 가져다주었다.

시련을 이겨낸 후배들

중요한 영업 책임을 맡은 후배 중에 나와 유사한 경험을 한 경우가 많다. 지방권 본부장과 수도권 본부장을 모두 최우수 본부장으로 근무하여 원하는 곳으로 발령을 기대했던 한 후배에게, 회사는 가장 먼 지방으로 발령을 냈다. 그날 밤 상심했을 그에게 전화하여 회사에서 당신의 능력이 꼭 필요해 낸 발령이니 참고 이겨내면 전화위복이 될 것이라고 격려했다. 역시 능력과 성품을 갖춘 후배는 곧 내가 말한 대로 됐다. 또 지점장과 단장 시절 탁월한 성과로 임원도 빨리 되고 본사에서도 핵심 보직을 두루 경험한 촉망받는 후배가 있었다. 이 친구도 지역 본부장으로 발령받아 그가 지금껏 한 번도 경험해보지 못했을 어려움을 겪었다. 급기야는 자회사 근무까지 경험하면서 그곳에서 와신상담 후 다시 본부장으로 복귀하였다. 그 후배는 지금 과거와는 깊이가 다른 리더로 성장한 모습을 보여주고 있다. 서울 중심부에서 타고난 재능으로 탁월한 실적을 내며 자부심과 비전, 꿈이 넘치는 또 다른 후배가 있었다. 그런데 예기치 않은 일로 한 번도 근무해보지 않은 지방 발령을 받았다. 그도 나의 위로와 격려가 무색하게 그곳에서 전국 1등을 하더니 본사 임원으로 복귀하고 지금도 승승장구하고 있다. 또 다른 후배는 지점장 시절 훌륭한 인품과 성적으로 촉망받다가 갑작스러운 질병을 얻어 좌절했지만 뛰어난 정신력과 믿음으로 완치하여 지금은 보란 듯이 성공 가도를 달리고 있다. 그 외에도 시련을 딛고 빛나는 영광을 거머쥔 후배들이 수없이 많다. 나는 지금도 그들이 자랑스럽다.

6. 마음 열기

커밍아웃

입사 초 강의나 회의를 하다가 내 가족이나 일신상 별로 자랑스럽지 않은 이야기가 나오면 당황하여 급히 덮거나 회피한 적이 가끔 있었다. 일부러 그랬던 것은 아니지만 굳이 밝혀야 할 이유도 없다고 생각했다. 그런데 묘하게 그런 것이 마음에 걸리고 불편했다. 사람들은 으레 내 지위나 직급에 따라 내 주변 인물을 동일시하는 경향이 있다. 예를 들면 우리 부모님과 내 형제들에 대해 높은 기대를 하거나 우리 아이들도 공부를 잘하는 우등생일 것이라고 예단하는 현상 같은 것이다. 의도치는 않았지만 이런 것은 내내 마음에 남았다. 그래서 언제부터인가 이런 나의 약점이나 단점을 미리 공개하는 습관을 가지게 되었다.

나는 재수를 했다. 아내도 재수했다. 큰딸은 공부를 좀 했는데 원하는 학교에 도전하느라 삼수를 했다. 아들은 삼수로 고생하는 누나를 보면서 자기는 절대 재수 같은 건 안 하겠다고 다짐하더니 시험 점수가 나오자 바로 재수를 하겠다는 장문의 편지를 남기고 결국 삼수까지 하고서야 겨우 대학에 입학했다.

30여 년 전 입사했을 때, 사실 나는 무슨 회사인지도 몰랐다. 보험도 잘 몰랐는데 당시에는 보험회사에 대한 인식이 보편화된 것도 아니었다. 보험에 가입했다가 해약하면 손해가 발생하고, 혹 보험금을 타려 해도 까다로운 절차를 거친다는 인식 때문에 보험을 권유하기란 매우 어려웠다. 그래서 주변 사람들이 회사와 나의 업무에 관해 물으면 설명이 어려웠다. 게다가 20~30명의 여성 보험설계사를 관리하는 영업관리자 역할을 내 주변 사람들은 이해하지 못했다. 그래서 나는 그들이 물어보기 전에 미리 상세히 내 일에 관해 설명해주는 버릇이 생겼다.

나는 급여는 물론 성과급도 적지 않게 받았는데 자산관리는 실패했다. 돈 관리를 잘못한 탓이다. 소득에 비해 방만하게 지출을 하다 보니 씀씀이가 감당할 수준을 넘은 적이 많았다. 마이너스 가계를 정상화하기 위해 오랫동안 고생했다. 남들은 금융회사에 다니는 나를 금융 전문가로 여기겠지만 이런 나의 솔직한 재정 실패 얘기도 숨기지 않았다.

이번에 회사를 나오면서도 주변 사람들에게 문자와 메일로 내 근황을 먼저 알렸다. 그랬더니 사람 만나는 것이 훨씬 편해졌다. 남들 출근할 시간에 운동을 가거나 슈퍼를 가기도 하는데, 평소 출근하던 모습만 봐왔던 이웃들을 만나면 먼저 인사를 건넸다. "저 이번에 회사를 졸업했습니다." 그러면 대개는 흠칫 놀라면서 덕담을 한다. 그것으로 나는 편해진다. 그날 이후 상대도 편하게 인사해준다.

누군가에게 아쉬운 소리를 하거나 부탁을 해야 하는데 타이밍을 놓치고 나면 점점 더 말하기 어려워지는 것을 경험했을 것이다. 이런 경우가 생기면 먼저 말하는 것이 짐을 더는 일이다. 나에게 이런 경험이 있다. 오래전 회사에서 실시한 판매경진대회에서 내가 감당해야 할 할당액을 채우기 위해 광화문으로 절친한 친구를 만나러 간 적이 있다. 잔뜩 기대하고 온갖 준비를 했는데 오랜만에 만난 친구는 영문도 모르고 옛날이야기만 신나게 했다. 얘기해야 하는데 기회를 못 잡고 있다가 거의 헤어질 무렵에 용건을 이야기하니 분위기가 묘해지고 말았다. 그 다음날은 다른 친구와 약속이 잡혀 있었다. 이번에는 만나기 전에 먼저 내 사정을 소상히 설명해주고 만났다. 그러고 나니 비교적 편안한 마음으로 친구를 만날 수 있었다.

하지만 지금도 그 친구의 그때 반응은 잊을 수가 없다. 오랜만에 만난 친구의 부탁을 거절하기도 어렵고, 본인에게 필요한 보험이기는 하지만 당장 자신의 월급으로는 빠듯해서 밤새 아내와 상의했던 모양이다. 약속 장소에 도착했더니 작년 급여명세서를 보여주면서 자신의 처지를 솔직히 얘기하는 것이다. 하루 사이의 반전이었다. 전날은 용건을 먼저 밝히지 않아 내가 끙끙거려야 했고 다음날은 먼저 말함으로써 상대가 고민을 했다. 전날은 상담도 못했고, 후자는 비록 계약은 못했지만 진지한 상담은 할 수가 있었다.

이처럼 무엇인가를 숨기거나 감추게 되면 마음이 그것에 매여 불필요한 에너지를 낭비하지만, 솔직하게 표현하고 이야기하면 나에게 늘 힘이 되고 자유로워지는 기분이 들었다. 그것이 바로 진실이 주는 에너지라 생각한다.

마음 열기의 힘

연예인 중에는 신비주의 전략을 세워 자신의 상품성을 극대화하는 경우가 있다. 팬들은 신비주의에 매혹되어 한동안 그에게 열광하고 심지어 자신의 롤모델로 삼기도 한다. 그러다가 그의 본모습을 보게 되었을 때 주체할 수 없는 실망감으로 그에 대한 안 좋은 점을 찾고 더 큰 문제로 보게 된다. 요즘 TV는 예능 프로그램이 대세이다. 예능 프로그램에 나오는 연예인들은 아예 처음부터 본인의 약점이나 단점을 숨김없이 드러냄으로써 시청자에게 더 친근하게 다가간다. 시청자들도 그런 그들의 모습에서 더 매력을 느끼는 듯하다. 그들은 포장된 상품성은 없지만, 오히려 신비주의가 가진 위험 요소를 줄여 신뢰를 얻은 것이다.

사람들은 본능적으로 잘난 것은 자랑하고 콤플렉스는 감추려는 경향이 있다. 특히 자식 자랑, 아내 자랑, 돈이나 스펙 등을 은근히 자랑하면 그것은 사람을 잃는 지름길이다. 왜냐면, 그런 부분에서 많은 사람들이 상처와 자격지심을 갖고 있기에 자랑과 자기과시는 상처를 후벼파는 격이 될 수도 있기 때문이다. 자랑거리는 굳이 말하지 않는 것이 낫다. 사람은 본능적으로 시기 질투를 느껴서 잘나고 똑똑한 체하는 사람 곁에는 가까이 가고 싶어 하지 않는다. 반대로 좀 부족해보이는 사람에게는 채워주고 싶은 마음, 도와주고 싶은 마음이 생겨난다. 이제 쑥스러워하지 말고 본인의 약점이나 콤플렉스를 솔직하게 고백해보라. 자유로움과 에너지를 느낄 것이다. 그것이 마음 열기의 힘이다. 사람도 아는 만큼 친해지는 것 같다. 숨기거나 감추는 것이 많은 사람과는 가까워질 수 없고 신뢰할 수도 없기 때문이다.

조직의 변화를 이끄는 에너지

개인의 변화도 쉽지 않다. 하물며 수많은 이해관계자가 첨예하게 부딪히는 조직에서 저항을 뚫고 변화를 이끄는 에너지를 만들어가는 것은 더욱 어렵다. 그러므로 조직의 바람직한 변화를 위해서는 중요한 에너지가 뒷받침되어야 한다.

첫째는 변화의 속도를 인식하고 미래의 변화에 동참하는 시대정신을 가져야 한다.

둘째는 현실에 머무르려는 항상성을 극복하고 혁신의 길에 동참해야 한다.

셋째는 역지사지의 자세로 소통을 통해 서로 공감할 수 있어야 한다.

넷째는 변화를 이끄는 리더의 역할이 중요하다.

마지막으로 더불어 사는 공동체 의식으로 변화를 이끌어야 한다.

1. 변화의 속도와 미래

변화

직장 생활을 하던 중 가장 많이 반복적으로 들은 내용을 꼽으라면 단연코 변화와 미래에 관한 주제이다. 그렇게 많이 들었지만 나에게 변화와 미래라는 주제는 식상한 이야기라기보다 늘 긴장감을 주고 도전 의욕을 일으키고 새로운 에너지가 되어주었다.

변화의 속도

지구상에 250만 년 전부터 살았던 인류는 거의 249만 년 동안이나 수렵과 채집 생활을 했다고 한다. 기원전 1만 년 전이 되어서야 마제석기를 사용하는 신석기시대를 열고 기원전 3000년경에 청동기시대로 진입했고 기원전 1500년경 철기시대가 시작되었다. 초기 과정에서는 변화의 속도가 상당이 더디지만 새로운 기술의 축적 위에서 일어나는 변화는 조금씩 빨라져왔다. 한편 수렵과 채집 경제에서 오랜 시간이 지난 기원전 7000년경에 곡물 재배와 가축을 사육하는 농업혁명(신석기 혁명이라고도 함)에 이르렀다. 이후 1760년경 산업혁명을 맞이하기까지는 더 짧은 시간이 걸렸고, IT 혁명까지는 약 200년, 그 후 IT 혁명을 지나는 데 30여 년 걸렸다. 이제 우리는 본격적인 디지털 혁명에 기반을 둔 제4차 산업 혁명의 도래를 앞두고 있다.

이런 기술과 과학 문명의 변화 말고도 최근에 우리는 30~40년 동안 정치·경제·사회의 빠른 변화를 겪고 있다. 1960년대에 대한민국은 오랜 식민지시대와 해방 후의 혼란, 6·25전쟁으로 1인당 국민소득이 670달러에 불과한 세계 최빈국이었다. 1960~1970년대에 근대화와 산업화를 이루었고, 1980~1990년대에 시장 개방과 세계화를 거치며 우리 사회에 고도성장이 진행되었다. 1990년대 말 IMF 경제위기와 2000년대의 금융위기는 우리 사회에 저성장과 저물가가 지배하는 뉴 노멀(New Normal) 시대를 초래했다.

이와 같은 정치·경제·사회 그리고 과학기술의 변화들은 우리가 적응하고 받아들이기에 버거울 정도이다.

관점 바꾸기

그렇다면 이 시대를 어떻게 극복하고 헤쳐나갈 것인가? 나는 변화의 속도를 인지하고 그러한 변화의 속도에 맞춰 현대 사회를 이해하고 미래를 예측하는 시대정신을 갖는 것이 조직의 변화를 이끄는 에너지가 될 수 있다고 본다. 우리가 앞으로 살아가야 할 미래는 해방 이후 지금까지 살아왔던 지난 수십 년과는 근본부터 완전히 다른 환경이다. 나와 같은 베이비 붐 세대가 태어나고 살아온 지난 50~60여 년은 대다수가 가난에서 출발했다. 배움도 짧아 그저 성실 근면하고 약간의 학력이 있으면 바로 경쟁력이 되었다. 그 시절에는 영어만 조금 할 줄 알아도, 컴퓨터를 조금 다뤄도 그리고 대학 졸업장만 있어도 모두 비교우위가 되는 시대였다.

그러나 지금은 이전과 완전히 다른 상황에서 생존하고 경쟁해야 한다. 우리들의 가치관, 생활양식 그리고 경쟁력 등이 준비도 되기 전에 완전히 다른 사회에 진입해버린 것이다. 즉 우리의 실력은 아직 아마추어급인데 갑자기 프로의 세계에 진입한 격이다.

이제는 우리 몸에 배어 있는 이전 세대가 이룬 고도성장의 환상과 기대감에서 벗어나야 할 것 같다.

미래 사회의 변화

우리는 지금까지 경험한 변화의 속도와 상식만 가지고도 다가올 미래를 예측할 수 있다.

첫째, 평균수명은 지속해서 늘어날 것이다. 따라서 노후 기간은 길어지고 노후 자금과 의료비는 폭증할 것이다. 이제 노인이 노인을 책임지는 시대가 시작되었다.

둘째, 경제활동 기간의 단축과 핵가족으로 인한 자기 책임주의 현상은 더 강해질 것이다. 자신을 스스로 책임지지 않으면 누구도 나를 책임져주지 않는 시대가 온 것이다.

셋째, 양극화는 가속화되고 쉽게 개선되지 않을 것이다. 그로 인해 사회 갈등이 더 커지게 된다.

넷째는 결혼 적령기의 연장과 은퇴 시기 단축으로 생명 주기의 변화가 오고 1인 가구는 폭증할 것이다.

미래를 위한 준비

미래를 위한 대비로 우리가 가장 빨리 해야 하고, 할 수 있는 일은 우리의 의식구조, 가치관, 직업관, 고루한 문화 등을 바꿔나가는 것이다. 만약 아직도 이전 세대의 제반 양식에 머물러 있다면 힘든 고통을 치르게 될 수 있기 때문이다. 자녀를 교육하고 미래를 준비하는 과정이 완전히 달라져야 한다. 성공의 기준도 달라져야 하고 농경사회의 산물인 관혼상제문화는 혁명적으로 바뀌어야 한다. 이전의 것들을 고수해도 사는 데 문제없고 행복할 수 있다면 상관없겠지만 그것은 거의 불가능에 가깝다 할 수 있다.

누가 변화를 주도하고 지휘하는 역할을 해야 하는가? 말할 것도 없이 학교, 사회단체, 기업, 국가와 같은 조직이다. 왜냐하면 이러한 방향성을 수립하고, 기준을 정하고, 제도를 만들고 감독할 수 있는 곳은 아무래도 힘을 가진 조직이기 때문이다. 그래서 국민은 비용을 내고, 세금을 내고, 국방의 의무를 지며, 권위와 공권력을 인정한다. 그렇다 해도 무엇보다 개인이 깨어 있어야 한다. 그래야 조직도 국가도 제대로 살아 움직이고 잘못을 바로잡을 수 있다. 이처럼 개인과 조직과 국가가 문제의식을 느끼고 새로운 정신으로 무장할 때 우리는 조직의 변화를 만들어갈 수 있을 것이다.

2. 성장의 임계점과 혁신

성장의 임계점

나는 무슨 일을 하든지 일정한 수준에 도달하면 더 이상의 발전이나 성장이 어려워지는 것을 경험하곤 했다. 마치 고무줄을 당기면 늘어나다가 일정 수준에 도달하면 더는 늘어나지 않는 것과 같았다. 이러한 상황에 도달하면 한계를 느끼고 '더는 무리이다'라는 생각이 자연스럽게 들곤 했다. 맞는 말이다. 사람은 본능적으로 편한 것, 익숙한 것을 추구한다.

헬스클럽에 가서 역기를 들거나 러닝머신에서 달리기를 하다 보면 곧 한계에 직면하게 된다. 그러나 끊임없이 계속 도전하면 처음과는 비교할 수 없을 만큼의 경지에 도달하는 것을 경험하곤 했다.

국가 발전도 마찬가지인 것 같다. 발전 과정에 혁신적 도전을 받으면 집단적인 저항에 직면하게 된다. 그 혁신으로 인해 입게 되는 개인적인 손해와 기득권층의 반발 그리고 도전에서 파생되는 고통이 쉽게 하나의 세력을 형성하게 된다.

기업 활동에서도 마찬가지이다. 성장의 임계점에 도달하면 더 이상의 성장은 불가능하다고 본다. '시장이 포화상태이다. 이 분야는 이미 레드오션이 되었다'라고 생각하는 집단의 저항에 직면하게 된다. 그들은 한계를 극복하고 혁신하는 고통보다는 포기하는 편안함을 선택하는 것이다. 이유는 간단하다. 포기는 편하고 극복은 고통이기 때문이다. 오늘날 생존하고 지속해서 성장하는 기업들은 공통으로 성장의 임계점을 넘어 혁신하는 과정에서 지혜로운 선택을 했다. 최적화할 것과 혁신할 것을 구별하고 속도를 조절하여 실행한 것이다.

항상성과 혁신성의 충돌

어떤 일이든 일정 수준에 올라가면 이내 임계점에 도달하게 된다. 이때 현 상태에 머무르려는 항상성과 현 상태에 만족하지 않고 개선하여 나아가려 하는 혁신성이 충돌하게 된다. 우리나라도 과거 선진국이 걸었던 길을 빠르게 모방하면서 국가 주도의 경제개발과 노동자들의 근면성을 바탕으로 역사상 최대의 고도성장을 이루었다. 그러나 최근에는 이런 성장이 벽에 부딪히고 있다. 나는 성장의 한계에 직면했을 때 항상성과 혁신성의 충돌이 불가피하다고 본다. 이는 우리가 다음 단계의 진입을 위해 겪어야 할 과제다.

혁신의 길

성장의 임계점에서 항상성의 벽을 깨뜨리고 새로운 지평을 열어야 하는데 그런 혁신의 사례들이 있다. 우리나라에서도 공업화 초기에 신발이나 섬유산업과 같은 노동 집약적인 경공업이 대세였다. 그러나 인건비의 상승에 따른 가격 경쟁력의 하락으로 그런 산업이 내리막길을 걸은 지 오래다. 우리는 그런 사업은 이미 사양산업이고 레드오션이라고 치부해버렸다. 한국에서 경쟁력을 잃은 것이다.

그러나 나이키, 아디다스 등은 해외의 값싼 노동력에 눈을 돌리고 신소재를 개발하고 스포츠마케팅과 브랜드 가치 개발을 통하여 가볍고 편리한 상품이라는 고부가가치 사업으로 혁신했다. 자라와 유니클로는 한낱 시장 상품에 불과한 저가의 의류를 유행에 맞는 신제품으로 출시하고 물류 혁명을 통해 세계적 기업으로 성장시켰다. 월마트나 한국의 할인 시장 역시 한계에 직면한 유통시장을 값싸고 편리한 혁신적인 산업으로 탈바꿈시켰다.

요즘 전문화된 커피 가게들은 다방이라 불렸던 곳을 혁신적인 기업으로 탈바꿈했다. 한국의 복합상영관, 각종 편의점, 저가항공사 역시 표준화하고 세련된 산업으로 변화했다. 이외에도 작은 관점의 차이와 변화를 통해 성장의 한계를 뛰어넘어 혁신을 통한 새로운 성장을 하는 기업이 많다. 이상의 사례들처럼 성장의 한계에 직면했을 때 아주 작은 혁신의 눈을 통해 새로운 시장이 형성되고 부가가치가 창조되는 것을 확인할 수 있다.

작은 혁신 큰 혁신

혁신에는 두 가지 종류가 있다. 먼저 성장의 한계에 직면한 최적화의 범위를 계속 확장하고 변신시키는 작은 혁신이 있다. 또한 축적된 기술을 토대로 완전히 새로운 무엇인가를 만들어내는 혁명과 같은 혁신이 있다. 앞에서 열거한 것들은 작은 혁신에 해당하고 증기기관이나 컴퓨터, 인터넷 그리고 각종 디지털 산업 등은 큰 혁신이라 할 수 있겠다.

혁신의 방법

한계를 뛰어넘어 새로운 성장을 하기 위해서는 현재의 상태에 대한 정확한 진단과 함께, 한계 너머에 더 나은 세계가 있을 거라는 예측이 선행되어야 한다. 그리고 무엇보다도 현재의 상태에 최적화되어 있는 조직과 소통하며 끈질기게 설득해야 한다. 이 과정 없이 혁신만 밀어붙이면 조직은 변화보다는 항상성의 힘이 증가하여 저항하게 되므로 현 상황의 유지도 혁신도 쉽지 않게 된다. 혁신가가 옳은 것만을 주장하고 목적과 이상이 아무리 거창해도 절차와 과정이 정당해야 하고 개혁 속도를 적절하게 조절해야 한다.

결론적으로 말하자면 성장의 한계에 직면하면, 개인이든 조직이든 항상성으로 현재에 머무르려는 성향과 변화하려는 에너지가 만나 서로 충돌하게 된다. 그러므로 혁신에 성공하기 위해서는 지금의 상황이 최적화된 상황인지를 보는 눈과 혁신을 통해 더 나은 세계를 바라보는 두 개의 눈이 필요하다. 그리고 소통과 설득을 통해 변화를 추구하는 활력이 넘치는 환경을 만드는 것이 중요하다. 그래서 최적화 단계의 확장과 개선을 통한 작은 혁신, 그리고 축적된 혁신을 통해 새로운 것을 창조하는 큰 혁신의 두 트랙에 대한 도전이 필요하다.

3. 이론과 현장

부끄러운 현장 경험 1

입사 후 줄곧 지점장, 단장, 사업부장, 지역 본부장에 이르기까지 영업 현장에서 영업관리자로 근무하면서 두 번의 잊을 수 없는 경험을 했다. 그것을 통해 내가 얼마나 이론에 사로잡혀 현장과 괴리된 채 잘못된 의사 결정을 하고 있었는지 알 수 있었다. 물론 모든 분야를 경험해야만 고위직에 오르는 것도 아니고 고위직이라고 모든 업무를 꿰뚫고 있을 수는 없지만, 현장의 실정을 모른 채 의사 결정을 내렸을 때 발생하는 문제는 절대 적지 않다는 것을 알아야 한다. 그렇다고 현장 경험이 많은 사람이 꼭 정확한 의사 결정을 내리는 것만도 아니다. 그들은 지나치게 현실적이어서 미래의 변화 대응에 소극적인 경향을 보이기도 한다. 나는 이것을 경험의 편견이라고 생각한다. 그러므로 조직은 이론을 바탕으로 변화와 혁신을 추구하려는 사람들과 현장 경험을 바탕으로 실현 가능한 현실적인 변화를 모색하는 사람들의 견제와 소통, 협력을 통해 성장한다.

영업사원 채용부터 교육과 훈련, 나아가 실제 판매하는 모든 과정을 책임지는 영업관리자로 15년 정도 근무하고 있을 때, 나는 영업관리자의 현장 능력을 보완하는 교육 프로그램에 참여한 적이 있다.

이 프로그램은 영업관리자가 보험설계사가 되어 실제 영업 현장을 뛰어봄으로써 관리자의 실력을 향상하고 보험설계사와 고객을 더 깊게 이해하자는 취지였다. 당시 나는 15명의 지점장과 500여 명의 다양한 경력을 가진 보험설계사들을 책임지는 단장이었는데, 막상 교육을 이수하고 직접 판매를 해보니 한 건의 실적도 올릴 수 없었다. 그동안 매일 아침저녁으로 판매 방법을 가르치고 판매를 독려하고 실적을 점검하곤 했는데 꼴이 말이 아니었다. 말 그대로 입과 머리로 영업을 잘할 수 있다는 착각에 빠져 있었다. 심지어 믿고 있었던 사람들에게서조차 거절을 당했다. 겨우 여동생 두 명과 단골가게에서 한 건씩을 판매하고 나머지 한 건은 아내에게 판매했다. 이렇게 한 달은 겨우 넘겼는데 다음 달이 걱정이었다. 그동안 우리 보험설계사들은 판매 경험도 없는 나에게 매일 교육받고 훈련받으며 매달 계약을 이끌어낸 것이다.

나는 새삼 보험설계사들이 존경스러웠고, 교육과정을 마친 후에도 한동안 창피함과 자괴감과 미안함으로 고개를 들지 못했다. 그 후로 나는 할 수 있는 일과 할 수 없는 일을 솔직히 시인했고 서로를 더 존중하게 되었다. 다시는 착각에 빠져 허세를 떠는 관리자가 되지 말고 솔직해지자고 마음먹었다. 후일담이지만 회사에서 이와 같은 캠페인을 다시 하려고 하면 대부분의 관리자들이 온갖 이

유를 들어 난색을 보였다. 솔직히 판매가 힘들다는 것을 아는 것이다. 그러나 힘든 일을 하는 보험설계사가 있고 그런 힘든 판매 과정을 거쳐 우리들의 급여가 지급된다는 것을 알아야 한다.

부끄러운 현장 경험 2

두 번째 경험은 현장관리자로서 마지막 보직인 강북지역본부장 때의 일이다. 전국에 7개가 있는 지역 본부장은 보험회사의 꽃으로서 지역에 따라 약간씩 다르긴 하지만 담당 보험설계사만 해도 수천 명에 이르고 수백 명의 영업관리자와 함께 일한다. 영업관리자들은 소속된 보험설계사를 교육하고 훈련을 시키는 최정점의 현장관리자인 셈이다. 나도 그들 중 한 명으로 24년이라는 긴 세월 동안 지점장에서 지역 본부장까지 거쳤는데, 정작 내가 보험을 직접 판매한 경험은 거의 없었기에 고객에 대해 잘 몰랐다. 난 영업을 이론으로 배운 관리자였다. 말하자면 축구선수 생활도 안 해보고 오랜 세월 코치를 하다가 감독이 된 셈이다. 하지만 그때까지 별 문제를 느끼지 못했다.

가장 오래된 강북 지역은 시장성도 떨어져 있지만, 앞날의 시장 전망도 밝지 않다는 게 더 큰 문제였다. 그래서 나는 특별 조치가 필요하다고 생각했다. 부임 후 모든 관리자가 모인 전략회의에서 나는 24년을 영업 현장에 있었지만 직접 만난 고객은 몇 명 되지 않는다고 솔직히 고백했다. 그리고 앞으로 1%에 해당하는 최상위 고객 500명은 본부장인 내가 직접 관리하겠다고 공약을 했다. 당시 우리 본부가 관리해야 하는 고객은 약 50만 명 정도였는데, 약 3,000명의 보험설계사가 나누어 관리하고 있었다. 나의 돌발 공약에 가장 민감한 반응을 보인 사람들은 중간 관리자들이었다. 본부장인 내가 500명을, 단장 10명이 각 300명을, 지점장 150명이 각 300명을 직접 관리해보자고 제안했기 때문이다. 당연히 쉽지 않은 제안이었다. 24년을 근무하면서 나도 관심 두지 않고 지나쳐 왔던 고객관리를 단장, 지점장들에게 강요할 수는 없었다. 하지만 그들이 필요성을 스스로 느낀다면 분명히 새로운 차원의 경험이 될 것은 분명했다.

막상 공약을 실행에 옮기자니 나부터 난감했다. 경험도 고객관리 프로세스도 없어서 뭐부터 해야 할지 막연했다. 예상보다 참모들의 반발은 거셌다. VIP 고객과 본부장과 HOT 라인이 개통되면 고객으로부터 발생할 많은 민원을 감당하기 어려울 것이라는 의견과 함께 보험설계사들도 고객에 대해 숨기고 싶은 것이 있을 텐데 오픈되는 부담도 예상된다는 것이었다. 사실 일리 있는 의견이기도 했다. 그러나 나는 할 수 있는 일부터 해보자고 밀어붙였다.

나는 먼저 1주일에 2명씩 감사방문부터 해보기로 했다. 물론 고객은 엄선한 VIP 고객이었다. VIP 고객이라 해서 고객이라는 본질은 바뀌지 않는다. 본부장이 직접 고객을 방문하여 애로사항을 들어준다고 하니 어찌나 고마워하는지, 10~20년 거래하면서 처음 경험하는 일이라고 좋아했다. 그리고 고객을 만나러 가는 길에 대동한 사원들과 나눈 이야기들은 덤이었다. 그렇게 시작한 고객과 만남을 2년간 지속하였고 공약한 500명 중 300명 이상의 고객과 식사자리, 술자리 그리고 골프장으로 이어졌다.

이 경험은 본사로 들어와서 소위 VIP 마케팅이란 새 장을 여는 디딤돌이 되었다. 당시만 해도 우리 회사에서는 고객을 관리하고 보호하는 일은 보험설계사의 몫이라는 인식이 팽배한 상황이었다. 그러나 지금은 회사와 관리자, 보험설계사가 함께 마케팅 측면에서 고객을 만나고 관리하고 보호하는 일이 보편화되고 일상화되었다.

4. 인간관계

4분면이란

나는 '사람을 바꿀 수 있는 것은 사랑밖에 없다'는 믿음을 가지고 있다. 힘이나 폭력으로는 겉모습을 바꿀 수 있을지 몰라도 사람의 마음마저 바꿀 수는 없다. 그래서 옛날부터 '민심이 천심이고 마음을 얻어야 세상을 얻는다' 했는지도 모른다. 사람이 바뀌어야 관계가 바뀌고 관계가 새로워져야 조직이 변할 수 있다. 조직의 변화를 이끄는 가장 큰 에너지는 조직을 이루는 관계의 변화에서 가능하다.

우리 인생은 우리를 둘러싸고 있는 인간관계로부터 결정적인 영향을 받는다. 성격은 부모나 가족으로부터 영향을 받고, 회사

생활은 상사와 부하가 절대적인 영향을 끼치기도 한다. 그 상사는 나를 평가하기도 하고 힘을 주기도 하고 나를 좌절하게도 한다. 나의 부하는 쓴소리하는 참모가 되어주기도 하고 동반자가 되기도 한다. 그러므로 그들과 맺는 관계가 나를 성공적인 인생으로도 실패한 인생으로도 만들 수 있다. 나를 중심으로 이루어지는 관계를 보면 먼저 수평적 관계를 형성하는 가족과 친구와 동료가 있고 수직적 관계를 형성하는 상사와 부하가 있는데, 나는 이것을 사분면 관계라고 정의한다.

가족과의 관계

내 인생에서 가장 중요한 관계가 가족임은 두말할 필요가 없다. 뗄레야 뗄 수 없는 혈연으로 맺어져 가장 소중한 관계임에도 소홀히 하기 십상이다. 믿는다는 핑계로 내버려두는 경우가 많다. 농사를 짓던 어린 시절보다 산업화한 오늘날 더욱 그런 경향을 보인다. 개개인이 모두 스마트폰을 가지고 있는 요즈음은 아예 홀로 시간을 보내는 경우가 더 많아졌다. 나는 아내의 생일이나 결혼기념일은 말할 것도 없고 아이들의 입학식이나 졸업식에도 함께하지 못했다. 바쁜 나를 이해하리라 믿었다.

그러나 시간이 흐르고 보니 아내는 어느덧 젊은 시절의 모습이 아니다. 아빠와 놀고 싶어 하던 아이들도 이제는 아빠와 함께할 시간이 별로 없어 아쉽다. 굳이 변명하자면 우리 세대는 가족을 챙기면 별난 사람이라는 취급을 받는 그런 문화에서 살아왔다. 그러나 돌아보니 가족과 더 많은 시간을 함께하지 못한 것이 아쉽다. 앞으로 남은 시간만이라도 잘 해야겠다. 아들이 군대 가고 딸이 취업하기 전 아이들이 커가는 모습을 보지 못한 나는 부족한 관계를 조금이라도 보완하기 위해 주일 저녁에 가족들과 함께 시간을 보낸 적이 있었다. 식탁에 둘러앉아 다과를 즐기며 한 주간 있었던 좋았던 일과 힘들었던 일을 서로 얘기하고 마음을 나누며 소중한 추억을 만들었던 기억이 새롭다.

동료와의 관계

같은 일을 하는 동료, 우정을 나누는 친구는 가장 동질감을 느끼는 관계이다. 이들은 동시대를 함께 살아오며 공유한 가치가 크다. 함께 분노하고 즐거워하며 서로를 가장 많이 이해하는 사이이다. 그러나 한편으로는 어쩔 수 없이 서로 경쟁해야 하고 우열이 가려지는 현실을 받아들여야 한다. 대학 입시, 취업, 승진과 보직 이동 등의 고비마다 그렇다. 그런데도 인생에서 이 관계는 가족 다음으로 중요하다. 그러므로 될 수 있는 대로 역지사지의 마음으로 서로를 배려하고 존중하면서 관계를 잘 유지해야 한다.

상사와의 관계

수직적인 이 관계는 일반적으로 불편하다. 부하직원의 관점에서 '아무리 좋은 상사라도 없는 것만 못하다'라는 우스갯소리가 있는데 이는 상하 간의 관계와 지위가 가진 특별한 속성에서 생겨나기 때문이다. 상사는 업무상 명령과 지시가 불가피하고 부하직원의 업무 평가와 진퇴를 결정하는 존재이니 당연히 부담스러울 수밖에 없다. 직속 상사가 아니면 이런 부담을 느끼지 않는다. 그러나 막역하게 지냈던 사람이 갑자기 상하관계가 되면 갑자기 어려워지고 부담스럽게 되는 것이 상사와 부하의 관계이다. 반대로 상사 관점에서 부하직원은 부담스럽거나 어려울 정도의 관계는 아니다. 대부분 상사는 책임에 시달리고 스스로 결정하고 해결해야 할 과제가 많은 사람이다. 그래서 그들은 늘 외롭고 고독하다.

매스컴을 통해 가끔 사회지도층의 일탈을 접하면 "저렇게 높은 자리까지 가신 분이 왜 저리 무모한 짓을 저질렀을까?" 하고 생각한다. 여러 이유가 있겠지만 그중 상당 부분은 자리가 주는 책임감과 외로움을 견뎌내지 못해서 그런 것이 아닐까 싶다. 이런 부분을 이해하고 외로운 상사를 예우하면 그 상사도 힘이 생기고 에너지를 충전 받게 된다.

부하직원들을 공평하게 대해야 하는 것이 상사의 당연한 책무지만 내 경험상 사람이다 보니 감정을 헤아려주는 부하직원에게 마음이 더 가는 것은 어쩔 수 없었다. 상사로서는 수많은 부하직원 모두에게 마음을 쓰지 못한다. 그러나 부하의 관점에서 상사의 수는 그리 많지 않다. 그러므로 예를 갖추고 상사의 심정을 헤아리는 것은 상사를 더 힘 나게 하고 서로 일할 맛 나게 하는 것이다.

직원과의 관계

한 회사의 직원들은 모두 직급, 나이, 성격이 다양하고 업무상의 강점과 약점, 역량의 장단점이 모두 달라 각각에 맞게 격려와 코치가 필요한 존재들이다. 나는 혼자이지만 많은 수의 직원들을 상대하다 보면 자칫 상사인 자신의 취향으로 편을 가르거나 친소 관계 등에 의해 불합리한 관계를 형성할 가능성이 있다. 이 부분은 지극히 경계해야 한다. 아무리 인지상정이라 해도 혈연, 지연, 학연 등을 철저히 배제하고 합리적인 근거와 정당한 평가, 공정한 보상을 해주어야 한다. 직원과 잘못된 관계는 자신의 발전을 저해하고 또 다른 직원의 발전을 가로막을 뿐만 아니라 조직에도 부정적인 영향을 끼치게 된다.

관계는 내가 먼저

때로는 나만 가족에게 잘하고, 동료에게 잘하고, 직원에게 잘하고, 상사에게 잘해야 하는가, 하는 생각이 들기도 한다. 그런데 세상의 이치는 묘해서 내가 손해를 보고 있는 것처럼 보이는 순간에도 나는 그들에게서 엄청난 에너지를 공급받고 있다는 것을 알아야 한다. 이미 '인과의 법칙'이 존재한다는 것을 설명한 바와 같이 내가 준 좋은 에너지는 반드시 다시 돌아온다. 더욱이 나는 한 사람이지만 돌아오는 에너지는 최소한 네 군데에서 오므로 오히려 받는 에너지가 훨씬 크다.

나를 둘러싸고 있는 사분면의 관계 덕분에 세상의 관계들이 새로워지고 그러한 관계의 사슬이 조직의 변화를 이끄는 것이다. 좋은 부모를 만난 것, 좋은 친구를 만나는 것은 얼마나 큰 축복인가? 좋은 상사나 좋은 부하직원을 만난다는 것은 또 얼마나 큰 행운인가? 그러나 이런 축복과 행운은 내가 먼저 그들에게 좋은 부모, 좋은 친구, 좋은 상사, 좋은 부하가 되면서 시작되는 것임을 강조하고 싶다.

5. 리더의 영향력과 관점

권력과 영향력

조직의 변화에서 리더의 영향력은 매우 크다. 가령 상사가 회의 중 부하직원의 말을 지적하게 되면 자기도 모르게 권력을 행사하는 격이 된다. 왜냐하면 상사는 별 생각 없이 일방적으로 부하직원을 지적할 수 있지만, 부하직원은 자유롭게 의견을 개진하기 어렵고 상사의 잘못을 언급하는 것은 언감생심이기 때문이다. 이런 경우 부하직원은 불만이나 저항감을 감춘 채 순종이나 복종을 강요받게 된다. 마치 지적한 상사는 무결점 인간이고 지적당한 부하직원은 결점투성이인 것처럼 만들어지는 분위기에서는 정상적인 소통이 이루어지지 않는다. 심지어 어떤 상사는 상대방의 단점이나 잘못을 지적하면서 왠지 자신이 더 똑똑하고 더 나은 인간이라는 착각에 빠진다. 그러나 상사가 가지고 있는 영향력을 이렇게 사용하는 것은 잘못된 일이다. 회의에서 발휘해야 할 영향력은 부하직원의 잠재력을 발휘하게 하여 창조적이고 참신한 아이디어를 생산하게 하는 데 있다. 그렇지 못한 영향력은 구태의연한 권력, 그 이상도 이하도 아니다.

대부분 상사가 입으로는 민주적이고 자유로운 토론을 표방하지만, 현실에서는 쉽지 않은 것이 사실이다. 왜냐하면 넓은 시각과 많은 경험을 가진 상사가 부족한 부하의 이야기를 듣다 보면 답답해서 끝까지 듣지 못하고 말을 자르고 끼어들어 자신이 주도하게 되기 때문이다. 또 직원들이 한두 시간에 걸쳐 난상토론을 하고 있는데 상사가 들어와 아직 의견이 모아지지도 않은 상황에서 단 몇 분 만에 결론을 내버린다거나, 직원들이 격론 끝에 내놓은 결론을 일방적으로 뒤집어버리는 예도 있다. 이런 경우 직원들은 '계급이 깡패'라면서 '이렇게 하려면 토론은 왜 하게 했나?' 하는 자괴감이 들 것이다. 만약 상사가 답답하더라도 부하직원의 의견을 끝까지 들어주거나 난상토론의 주제에 대해 충분히 설득하면서 결론을 내준다면 직원들은 그 상사의 경륜과 통찰력에 감동하게 될 것이다. 이처럼 상사가 가진 권력과 영향력은 동전의 양면과 같으니 현명하게 발휘해야 한다.

발상 전환의 힘

영업 현장에서 나는 많은 조직의 책임을 맡아왔다. 그런데 조직과 제도 등 외부적인 요인은 변함없는데 오직 관점의 차이가 조직을 얼마나 크게 변화시키는지를 수도 없이 경험했다. 리더의 관점이 바뀌면 조직이 바뀐다.

1998년 4월, 나는 인천 주안 지역 단장으로 부임했다. 당시 전국 109개 지역단 가운데 108등을 하는 만성적으로 부진한 영업단이었다. 부임하는 사람마다 이곳에서 어려움을 겪었다. 게다가 속해 있는 지점이 18개나 되는 초대형 영업단이기도 했다. 내가 부임했을 때 그간의 계속된 부진으로 조직 분위기는 무겁게 가라앉아 모두 의기소침한 상태였다. 전임자들이라고 활성화를 위해 노력하지 않은 것은 아니었지만 여러 처방에도 부진을 벗어나지 못하고 있었다. 그래서 나는 발상을 바꿔 접근하기로 했다.

'웃으면 복이 온다'라는 말이 있고 '복이 오면 웃는다'라는 말도 있다. 둘 다 맞는 말이다. 어찌 되었든 복이 오면 누구나 웃을 수 있다. 기분 좋으면 누구나 웃을 수 있다. 그러나 기분 나쁠 때 웃는 것은 결코 쉬운 일이 아니다. 그런데도 나는 의도적으로 웃음을 만드는 미소 운동을 펼쳤다. 칭찬거리만 찾고, 칭찬거리만 이야기했다. 처음에는 여간 어색한 것이 아니었다. 그런데 묘한 것이 조직이 서로 웃을 일을 만들려 노력하고 모두 칭찬거리를 찾으려 애쓰다 보니 점점 웃을 일이 많아져갔다. 109등 하던 곳이 다음 해에 전국에서 15등을 해서 등위 갱신상을 받았고, 그 다음 해에 전국에서 2등이라는 성적을 냈다. 3년 반을 근무하는 동안 11년 단장 생활 기간 중 이곳에서 가장 높은 성적표를 받았다. 발상의 전환, 즉 관점의 차이가 얼마나 대단한 위력인지 몸소 체험한 소중한 경험이었다.

리더의 관점

조직은 여러 장단점을 가진 사람이 모여 각자에게 맡겨진 임무를 수행함으로써 전체의 목표를 달성하게 된다. 목표 달성에 가장 큰 역할을 하는 사람이 리더이다. 그래서 리더의 관점과 스타일이 그 조직의 변화를 만들어낸다. 아무래도 많은 경험과 통찰력을 가진 리더는 조직원이 못보는 것을 볼 수밖에 없다. 그래서 조직원은 리더의 말과 행동에 민감하게 반응하게 되어 있다. 여기에 리더의 철학과 가치관이 분명한 방향성을 가지고 있다면 리더의 무게는 더 커지게 된다.

리더는 먼저 조직원의 약점이나 단점보다 강점과 장점을 보도록 노력해야 한다. 약점과 단점은 조용하고 은밀하게 말해야 반성을 하고 개선하게 된다. 반면 강점과 장점은 공개적으로 크게 말하는 것이 효과적이다. 칭찬받은 사람은 더 잘하려는 마음이 생기고 동기부여를 받게 되기 때문이다. 둘째, 강점과 장점의 비율은 커지고 단점과 약점은 작아지게 해야 한다. 셋째, 그러한 리더의 관점이 말이나 선언이 아니라 행동화하고 프로세스화하여 제도로 만들고 보상으로 연결해야 한다. 결국, 리더의 관점이 조직을 바꾸는 힘이 되는 것이다.

6. 공생의 길

착각

　정치 지도자 중 "저를 위해 일하겠습니다. 여러분이 저를 위해 희생해주십시오."라고 말하는 사람을 본 적이 있는가? 그들은 대부분 '국민의 종이 되겠다'고 공약한다. 그리고 사람들의 성공을 위해 그들의 일생을 바치겠다고 다짐한다. 나도 새로운 근무지에 부임하면 조직원들의 성공을 위해 최선을 다하겠다고 말하곤 했다. 그러나 실제로는 다짐한 만큼 '오직 그들만을 위해 일했다'라고 감히 장담할 수는 없다.

　많은 리더는 자신을 세종대왕이나 김구 선생님쯤 되는 위대한 지도자로 착각한다. 오히려 부하들은 리더를 이완용과 같이 자기 이익을 먼저 챙기는 파렴치한으로 여길 수도 있다. 입으로는 오직 국민만을 위해 일하겠다고 하면서 철저히 자신의 이익을 위해서 살아온 사람들을 많이 봐왔다. 내 경험상 매 순간 남의 성공을 위해서 일한다는 것은 참으로 어려운 일이다. 설혹 처음 마음은 그렇더라도 일을 하다 보면 자신의 이익, 자신의 행복, 자신의 상황이 먼저 보인다. 그래서 경영자와 관리자들이 오직 회사와 조직원을 위해 일한다는 것은 말처럼 쉬운 일이 아니다. 제도를 만들 때,

상품을 개발할 때, 인력을 운영할 때, 예산을 수립하고 배분하고 집행할 때, 조직원의 관점에서 해야 함에도 말이다.

공멸의 길

거대한 조직일수록 결정권자의 눈에는 가까이에 있는 사람이 먼저 보일 수밖에 없다. 그래서 의사 결정 과정에서 눈앞에 보이는 사람들과 힘 있는 사람들의 목소리가 먼저 반영되기 쉽다. 이런 과정이 지속되면 하부에 있는 말단 조직원은 그야말로 앵벌이 신세가 되어간다. 나는 누가 봐도 이 사회의 성공한 그룹에 속하는 여유 있는 사람들을 많이 만났다. 그런데 그들 대부분은 자신의 이익과 기득권을 지키는 데 민감했다. 사회의 어려운 계층이나 약한 자들을 돕기 위해 그들이 가진 것을 양보하겠다고 얘기하는 경우는 드물었다.

내가 근무했던 회사에도 여러 이해 당사자가 있다. 주주, 직원, 설계사, 심지어 국가도 이해 당사자다. 이들 가운데 회사가 비용을 줄이기 위해 선택하는 가장 손쉬운 방법은 힘이 약한 사람의 비용을 줄이는 것이다. 그러나 이 방법은 장기적으로 공멸의 길이 될 수 있다. 힘 없는 다수의 생존이 임계점에 이르면 그들은 생존을 위해 다른 곳으로 떠날 것이고 결국 공동체의 지속 성장이 불가능해지게 된다. 만약 생존을 위해 비용을 줄이는 선택을 해야 한다면 힘 있는 사람부터 앞장서야 한다. 하지만 쉬운 일이 아니다.

최근에 최저임금 상승을 두고 우려의 목소리를 내는 여러 의견이 들려온다. 수요와 공급으로 결정되는 가격 구조에 영향을 미치는 요소는 여러 가지이다. 원재료 값, 가맹점 수수료, 세금, 부동산 임대료, 임금 등이 대표적이다. 그런데 오직 최저임금 때문에 나라가 망할 것처럼 연일 보도하는 모습을 본다. 오히려 가격 결정에 더 큰 영향을 미치는 건물주와 국가, 가맹점 본사와 같은 곳은 그냥 두고 최저임금을 받는 아르바이트나 비정규직, 중소기업체 근로자들에게 화살을 돌리는 형국이다. 또한 이런 최저임금을 부담해야 하는 곳은 대부분 생계가 어려운 자영업자들인 경우가 많다. 결국 을과 을의 싸움으로 치닫고 있다는 느낌이다. 이대로 가다가는 최저생계를 유지해야 하는 근로자와 영세 자영업자들이 함께 몰락하게 생겼다. '악마는 디테일에 있다'라는 말이 있다. 아무리 옳은 제도라 해도 꼼꼼하고 세심하게 준비하고 이해 당사자가 머리를 맞대고 소통하지 않으면 본연의 순기능보다 역기능이 더 커질 수 있음을 명심해야 한다.

최저임금에 관한 논쟁을 보면서 파이를 나누는 것이 얼마나 어려운지 실감하고 있다. 세상이 가진 제한된 파이를 다수가 나누어야 하고 그 파이를 나누는 과정에 힘 있는 사람과 힘 없는 사람이 참여해서 분배해야 한다. 그런데 가진 자와 힘 있는 자의 양보가 없다면 힘 없는 사람은 버려지거나 도태되어 앵벌이 신세로 살아가야 한다. 가진 자든 가지지 못한 자든 일방적인 것은 안 된다.

서로 처지를 이해하려 애쓰면서 한발씩 양보해야 한다. 그것이 공멸을 막는 길이다.

공생의 길

공생의 길은 의외로 단순하다. 보험회사의 경우라면 보험설계사의 이익과 중간 관리자, 경영자, 회사의 이익을 연결하면 된다. 사실 조직의 모든 이익은 한 방향으로 정렬해 있다. 이를테면 보험설계사에게 이익이 생기면 회사는 자동으로 이익이 있는 것이다. 회사의 이익이 보험설계사에게 돌아가지 않은 예는 있어도 보험설계사가 많은 실적급을 받았는데 회사에 이익이 없는 예는 없다. 보험설계사와 이익을 나눠 갖는 것을 단기적으로 보지 말고 장기적으로 보면 해결점이 보인다. 형제가 잘 살아주는 것이 나의 부담을 덜어주는 법이다. 중산층이 잘 살아야 나라가 부강해지듯, 보험회사도 보험설계사가 잘 살아야 건강한 회사가 된다.

해야 할 일이 옳다고 확신한다면 과감하게 해보면 어떨까? 이것은 공동체의 지속 성장과 안정을 위하는 일이다. 그래서 리더의 공생 철학과 같은 보편적인 가치관은 무엇보다 중요하다. 그런 가치관이 모자란 채 오직 눈앞의 이익과 천박한 욕망으로 가득 차 있으면서 겉만 화려하게 포장된 리더는 조직 전체를 공멸로 이끈다는 사실을 기억해야 한다.

2부

에너지가 이끄는
삶의 현장

위키백과에는 "영업이란 영리를 목적으로 사업 업무를 수행하는 것을 말한다."라고 기록되어 있다. 사실 인간사의 모든 행위가 영업이라 해도 과언이 아니라고 생각한다. 영업은 단순히 물건을 사고파는 행위만을 규정하지 않는다. 인간관계에서부터 일상적인 대화, 마음을 주고 받는 것이 모두 영업 활동과 유사하다. 혹자는 영업을 특별한 전문적 지식이나 준비 없이 아무나 할 수 있는 것으로 생각하지만 절대 그렇지 않다. 영업은 사람과 사람의 관계를 통해 이루어지는 일이기에 특정 분야의 기술보다 인간에 대한 이해와 경험이 훨씬 더 중요하다.

실제로 영업 분야에서 성공한 사람들은 대부분 사람에 대한 통찰력과 심리에 조예가 깊은 사람들이다. 그러므로 판매하고자 하는 상품을 다루기에 앞서 사람에 대한 깊이 있는 공부가 필요하다. 사람에 관한 공부라고 하니까 책이나 학교에서 배워야 하는 것처럼 생각할 수 있는데 꼭 그런 것만은 아니다. 책으로 배우는 것도 좋지만 앞서 1부에서 다룬 것처럼 인간을 움직이는 보편적인 에너지와 자기계발 에너지, 자기실현 에너지 등에 대한 성찰과 그러한 에너지가 영업에 임하는 사람들에게 어떻게 영향을 미치는지 배워야 한다.

지금껏 내가 속한 회사에서 탁월한 성과를 내는 사람들을 많이 만났다. 그들은 무에서 유를 창조해내는 놀라운 에너지로 자신의 한계를 극복하고 꿈을 이루어가고 있었다. 내가 두 번째 지점에서 만난 한 설계사는 보육원에서 자라 학력도 짧았고 결혼 생활도 순탄치 않았다. 우연한 기회에 보험회사에 입사하게 되었는데, 이곳에서 자신의 비전을 발견하고 전국 판매 여왕이 되어 자녀 셋을 최고로 키워내는 모습을 보았다. 그녀는 자신과 함께 일하는 기관장이나 사원에게까지 넘치는 에너지를 나눠주어 성공을 이끌기도 했다. 관리자인 내가 오히려 그분에게 에너지를 받을 정도였다.

세 번째 단장으로 근무할 때 만난 신입사원 한 분은 보통 사람 같으면 생을 포기할 수도 있을 정도의 치명적 병을 앓고 있었는데, 자신의 삶에 대한 보람과 의미를 찾아 투병을 계속하면서도 일을 포기하지 않았다. 열정적으로 일한 그녀는 15년이 지난 후에는 최고의 설계사로 성장했는데, 놀라운 것은 투병과 함께 그녀의 삶이 여전히 계속되고 있다는 점이다.

여기에 소개한 분들 말고도 강렬한 에너지로 자신의 삶을 성장시킨 예는 너무나 많다. 그들이 그런 성취를 이룰 수 있었던 이유는 무엇일까? 가장 큰 이유는 그들에게 누구보다 삶을 향한 강렬한 에너지가 있었기 때문이다.

한국에서 보험업은 폭발적인 인구 증가와 고도성장과 더불어 유례없는 고성장을 이루었다. 그러나 최근에는 저출산과 고령화, 급격한 금리 하락과 과다한 경쟁으로 성장의 한계에 직면했다. 1988년 말 6개 회사에 불과했던 생명보험회사는 시장 개방의 여

파로 20개가 넘었고, 판매 채널 다각화로 GA시장과 방카채널이 출현하여 출혈 경쟁의 시대에 진입한 지 오래다.

이를 타개하려는 방편으로는 첫째, 점포의 대형화나 틈새시장을 위한 시장 친화적인 1인 점포 등과 같이 수익성에 기반을 둔 저비용 영업구조를 지속해서 추진해야 한다.

둘째, GA시장이나 방카시장과 상호 윈윈할 수 있는 전략적 제휴 관계를 수립해야 한다.

셋째, 시장 친화적인 상품을 만들고 팔 수 있어야 한다. 자산수익률과 사차익 비율과 영업력은 동전의 양면과 같다. 저부담상품을 팔아야 자산수익률과 사차익이 좋아지고 자산수익률과 사차익률이 높아야 경쟁력 있는 상품을 만들 수 있기 때문이다.

넷째, 무엇보다도 본원적 영업 경쟁력이 현 단계에서 한계를 극복하는 최선의 방안이다.

마지막으로 빠른 속도로 변해가는 미래 세대를 위한 디지털 마케팅에 기반을 둔 영업 구조를 선제적으로 준비해야 한다.

여기서는 본원적 경쟁력이라 할 수 있는 보험 영업 중의 대면 채널에 대해 상세히 설명하고자 한다.

영업에 필요한 자세와 준비를 완벽히 하고 현장에 뛰어든다고 해서 성공을 장담할 수 없다. 영업에서 작동되는 원리를 알아야 한다. 골프 공부를 많이 했다고 골프를 잘 칠 수 있는 것이 아니듯 영업에도 올바른 방법이 있다. 그 공식대로 성실히 실천하면 큰 성공은 몰라도 어느 정도의 성공은 누구나 가능한 것이 영업이다. 더 큰 성공을 원한다면 당연히 더 큰 노력을 해야 한다. 영업으로 성공한 사람들은 대부분 끊임없는 연구와 노력으로 자신만의 독특한 방법을 개발하여 창조적인 경지에 오른 사람들이다. 마치 프로 골퍼가 자기만의 스윙을 가진 것과 마찬가지이다.

1. 영업의 공식

영업의 일반적인 프로세스

영업의 과정에는 필연적으로 판매자와 구매자 간에 밀고 당기는 현상이 일어난다. 그 과정의 첫 단계는 구매자가 구매 욕구를 갖게 되는 과정이다.

구매 욕구는 필요성이나 누군가의 권유, 혹은 TV나 신문을 통한 광고와 홍보 등의 영향을 받아 생기게 된다. 두 번째 단계는 구매하고자 하는 상품에 대해 가격, 디자인, 가성비 등을 비교하는 과정이고, 세 번째 단계는 드디어 구매를 결정하고 행동하는 과정이고, 네 번째 단계는 구매한 것을 사용하며 상품에 대해 반응하는 과정이다. 이 과정에서 판매자는 구매자가 구매를 선택하는 데 직접 참여하여 상품의 장점과 효용성 등을 설명하면서 구매자의 의사 결정을 돕는 역할을 하게 된다. 바로 이 과정을 판매 활동 또는 영업 활동이라 하고 이러한 역할을 하는 사람을 영업인이라 한다.

좌충우돌 보험 영업 입문

내가 막 입사했을 때만 해도 보험 영업에 대한 기본적인 교육이나 훈련이 없었다. 영업관리자나 보험설계사 모두 준비 없이 바로 영업 현장에 투입되었다. 즉 싸우면서 배워야 하는 실정이었다. 그래서 수많은 사람이 입문했다가 수많은 사람이 포기하고 떠나기를 반복했다. 그래도 당시에는 고도성장기였기에 기업에는 업종을 불문하고 인력이 계속 필요했다.

대학을 갓 졸업한 20대 후반의 청년이 고모나 이모뻘 되는 여성들을 관리하는 책임자가 된다는 것은 결코 쉬운 일이 아니었다. 관리자인 나도 그렇지만 설계사들도 체계적인 교육과 훈련이 되어 있지 않은 상태였다. 그런 상황에서 조직을 통솔하여 보험상품을 판매한다는 것은 지금 생각해봐도 녹녹하지 않은 일이었다.

보험에 대한 인식도 제대로 자리 잡지 못한 상황에서 고객을 설득하는 일은 쉽지 않았다. 당장 눈앞에 무슨 일이 일어나도 사람들이 움직일까 말까 하는데, 언제 일어날지도 모르는 일에 대비한 장기 보험상품을 팔아야 하니 어떻게 해야 할지 막막하기만 했다. 그래서 선배들에게 영업 방법에 관해 물어보면 방법이 어디 있느냐고 하면서 그냥 부딪히다 보면 알게 된다는 말만 들을 뿐이다.

방법이 없을 리 없었다. 자신들만의 비법이 있었지만, 그것을 체계적으로 설명하지 못했던 것이라고 나는 이해했다. 즉 경험과 감으로 알고 있기는 하지만 이론화와 공식화가 되어 있지 않은 것이다. 그래서 선배들의 귀한 경험과 비법이 후배들에게 전달되지 못했다. 그래서 그때부터 영업의 방법, 영업의 공식을 체계적으로 만들어야겠다고 생각했다. 이 글을 쓰게 된 동기도 이때 생겼던 것 같다.

매뉴얼화

군대에서 총기를 청소할 때 교관에게 들은 이야기다. 한국 사람은 머리가 좋고 손재주가 좋아서 자동차나 비행기를 해체한 나사나 부품을 뒤섞어놔도 기가 막히게 다시 조립한다고 한다. 그렇지만 본인 외에는 해체와 조립의 순서를 알 수 없다고 했다. 그런데 서양 사람들은 해체에 시간이 걸리더라도 조립도에 맞춰 순서대로 부품을 정렬해뒀다가 조립할 때 다시 순서대로 조립한다고 한다. 그리고 그것을 매뉴얼로 만들어 자신 이외에 누구라도 따라 할 수 있도록 한다고 한다. 바로 이것이 공식과 매뉴얼의 효용성이 아닌가.

나는 이해 되지 않는 일을 무턱대고 하는 성격이 못되어 선배들의 답변에 불만이 있었다. 세상에 방법이 없고 길이 없다는 것이 말이 되는가? 명색이 손가락에 꼽히는 대기업이고 업계를 선도하는 회사에서 있을 수 없는 답변이었다. 손맛이라고 하는 솜씨 좋은 할머니의 음식 비법도 오늘날에는 매뉴얼화하고 공식을 만들어 프랜차이즈로 성공을 거두는 시대이다.

그래서 일을 하면서 계속 영업에 대해서 질문하고 답을 찾고 공식화하려고 애를 썼다. 그렇게 만들어진 공식은 후배들을 가르치면서 수정·보완하며 나 혼자만의 공식이 아니라 누구나 쓸 수 있는 범용적인 공식으로 일반화하기 위해 노력했다. 그 작업이 지금까지 계속되고 있으니 말하자면 30여 년을 계속해온 셈이다.

우리나라가 산업화와 근대화를 거치면서 먼저 그 과정에 성공한 국가들의 방법이 큰 참고가 되었다. 그냥 모방만 한 게 아니라 모방을 통해 얻은 경험과 기술을 바탕으로 창조적인 방법을 만들어 시간을 단축하고 기회비용을 줄이면서 우리만의 강점을 만들 수 있었다.

나 역시 영업을 해오면서 선배들의 비법을 참고하고 나의 경험을 통해 영업의 공식을 만들고 매뉴얼화 해왔다. 그리고 그런 과정을 통해 그냥 감으로 하던 때보다 공식에 따라 하다 보니 훨씬 더 효율적이라는 것도 알게 되었다. 영업조직의 리더라면 당연히 영업 방법을 개발하고 새로운 길을 제시하는 임무를 수행해야 한다고 믿었기 때문이다.

특별한 영업 능력을 가진 사람들이야 내가 인도하지 않아도 훌륭한 성과를 내겠지만, 보통 사람이라면 영업의 방향과 공식과 매뉴얼에 따른 프로세스를 준수하게 하면 어느 정도 성과를 담보할 수 있다고 믿는다. 무엇보다도 기본과 공식만 알면 적어도 시행착오는 확실히 줄일 수 있을 것이다. 이제 내가 제안하는 공식과 매뉴얼을 참고하여 자신에게 가장 효율적인 영업 방법을 만들어가기를 바란다.

2. 업의 본질

본질과 비본질

모든 일에는 그 업만의 본질이 있다. 업의 본질을 잘 아는 것이 그 업에 종사하는 기본일 뿐만 아니라 성공의 열쇠가 된다. 만약 업의 본질을 정확하게 이해하지 못하면 비본질적인 문제에 매달리게 되고 결국 그로 인해 불행한 결과를 초래하게 된다.

그렇다면 왜 비본질이 본질을 압도하게 되는가?

첫째, 본질을 정확히 모르기 때문이다. 본질을 모르면 자신의 업을 지키거나 확장하는 역할을 할 수가 없다.

둘째, 본질을 알지만 본질에 충실하기가 어려워서 편하고 쉬운 길을 선택해 돌아가려고 한다. 학생이 공부에 열중하거나 운동선수가 훈련에 열중하는 것이 본질인데, 열심히 하는 것이 힘들다고 쉬운 방법을 찾는다면 성공할 수 없게 되는 것과 마찬가지이다.

셋째, 본질의 확장이 어렵다고 비본질적인 면에 눈을 돌리게 되면 주객이 전도되는 경우가 발생한다. 예를 몇 가지 들어보자. 식당으로 성공하기 위해서는 음식 맛, 종업원의 서비스, 내부 인테리어, 식당의 위치 등 여러 가지 요소가 있을 수 있다. 그러나 이런 요소 중 본질은 단연코 음식 맛이어야 한다. 맛집이라고 소문

난 곳을 찾아가보면 대부분 음식 맛이 좋다. 어떤 집은 찾기 어려운 골목에 자리 잡고 있고, 어떤 식당은 테이블과 의자가 낡았어도 사람들의 발길이 끊이지 않았다. 심지어 어떤 식당은 주인이 불친절해도 고객들은 줄을 서서 기다리는 수고를 마다하지 않았다. 결국 서비스와 인테리어, 위치 등과 같은 비본질적인 요소는 음식 맛이 뒷받침될 때에야 비로소 차별화 요소가 되는 것이다.

　20년 전쯤 인천에서 근무할 때의 경험이다. 당시 인천의 상징적인 건물이라고 할 수 있는 곳에서 근무하고 있었다. 그 건물에는 은행, 증권, 보험 등 금융기관만 7~8개 회사가 입점해 있었고, 지하에는 대형 헬스클럽과 사우나 그리고 수영장까지 갖추고 있어서 상주인구도 많고 유동인구도 많았다. 그런데 지하 1층 식당 주인이 계속 바뀌는 것이었다. 규모가 꽤 커서 아무리 위치와 여건이 좋다고 해도 비싼 임대료와 투자비를 감안하면 누구라도 운영이 만만치 않을 거라는 예상은 할 수 있었다. 그 식당에서 음식을 먹어본 후에야 성공이 쉽지 않겠다는 생각이 들었다. 음식 맛이 형편없는 데다가 가격도 비쌌다. 아마 주인은 이 건물의 입지 여건만 가지고도 장사가 잘될 것이라고 낙관했던 모양이다. 그러나 고객들은 가까운 식당을 고집하지 않고 멀어도 애써 맛있는 식당을 찾아갔다.

　얼마 지나지 않아 주인이 또 바뀌었다. 새로 개업한 식당 주인이 나에게 인사차 들러 이런저런 이야기를 나누게 되었다. 전임 식당 주인들은 높은 초기 투자비용 때문에 인건비를 아끼려고 주방장과 찬모들을 B급으로 썼다는 것이다. 즉 본질보다는 비본질인 임대료와 실내장식 등에 투자를 많이 하는 바람에 정작 본질인 음식에 소홀했던 셈이다. 새로운 식당 주인은 이미 다른 곳에서 식당을 성공적으로 운영하고 있는 사람이었다. 실내장식 등에 돈 쓰지 말고 일류 주방장을 쓰라는 나의 덕담에 그는 격하게 공감했다. 보통 새로 식당이 생기면 으레 한 번은 가보는 것이 인지상정이다. 그러나 한 번 가보고 맛이 없으면 바로 발길을 돌리게 된다. 그는 식당의 본질을 잘 아는 사람이었다. 그는 식당에 걸맞은 일류 주방장을 영입해 확 달라진 맛 덕분에 대성공을 거두었다. 그 건물에 입주한 금융기관들의 점심과 저녁 회식을 모조리 독식할 정도였는데, 이는 당연한 일 아닌가? 그는 앞으로도 본질을 중시하는 원칙만 준수한다면 계속 성공할 것이다.

또 하나의 예를 소개하고자 한다. 내가 잘 알고 있는 고객 중에 남대문시장에서 청바지 장사로 오랫동안 성공하고 있는 C사장이 있다. 그분은 나이에 비교해 10년은 젊어 보인다. 남대문시장과 동대문시장에서만도 하루에 수백, 수천 가지의 신상품이 나오지만, 고객의 선택을 받는 것은 몇 종류 안 된다고 한다. 사장의 감각으로 옷을 만들어 고객을 맞이해야 하는데, 옷 장사하는 사람이 감각이나 센스, 트렌드를 모르면 아무리 투자를 많이 해도 성공하지 못한다는 것이다. 나이가 꽤 많은 그는 지금도 많은 직원을 두고 경쟁하면서 최고의 옷을 만들려는 꿈을 포기하지 않고 있다고 했다. 역시 옷 장사의 본질은 좋은 옷을 만드는 것이다.

요즈음 가수들은 노래만 가지고는 차별화된 경쟁력을 만들지 못하기에 외모와 댄스 그리고 예능 훈련까지 받는다고 한다. 그러나 뭐니 뭐니 해도 가수의 본질은 노래 실력이다. 나는 가창력 없이 오랫동안 가수 활동하는 경우를 본 적이 없다. 연기자의 생명은 역시 연기력이다. 내가 좋아하는 이순재 선생님이나 신구 선생님처럼 연기력 있는 분들은 70세, 80세를 넘어서까지도 왕성하게 연기 활동을 한다. 마찬가지로 내가 영업 현장에서 만난 성공한 사람들은 사업가든 샐러리맨이든 상관없이 자신이 하는 업의 본질에 정통한 사람들이었다.

보험 영업의 본질

보험이란 '1인은 만인을 위하고, 만인은 1인을 위한다'는 상부상조 정신에 기반을 두고 있다. 그래서 보험은 사람들이 살아가면서 필요로 하는 여러 가지 자금, 즉 가정생활 자금, 주택 마련 자금, 자녀교육 자금, 자녀 결혼이나 독립 자금 그리고 노후 자금 등의 인생 자금들을 미리미리 긴 시간에 걸쳐 합리적인 방법으로 준비하게 돕는 재무주치의와 같은 역할을 한다.

그러다 보니 보험상품은 당장 급하지 않은 자금이고 먼 미래를 위한 장기간의 계약이며 효용성을 금방 느낄 수도 없어서 자발적 구매가 쉽지 않다는 특징을 가지고 있다. 게다가 상품이 복잡하고 어려운 구조로 되어 있어서 구매를 결정하기에도 쉽지 않다. 앞에서 제시한 자금들이 인생에 필수불가결한 자금임에도 불구하고 지출의 우선순위를 급한 곳이나 즉각 효과가 나오는 곳에 두기 때문에 20~30년 후나 혹여 발생할 각종 사고나 질병에 대비하기 위해 스스로 보험 가입을 하는 사람은 많지 않다.

그래서 판매자의 역할이 절대적으로 필요하다. 보험설계사는 고객에게 보험의 필요성을 환기시키고, 인생의 종합재무설계를 도와주는 과정에서 상품을 설명하고 각종 정보를 제공하여 판매 후의 관리까지 맡는다. 즉 고객에게 지출의 우선순위를 바꾸게 하는 역할을 하는 것이다. 그래서 보험 영업의 본질은 사람이다. 사람이 없으면 생명보험도 없는 것이다. 사람이 사람을 위해 일하는, 사람을 위한 사업이다. 설계사와 영업관리자가 그 핵심적인 역할을 한다. 세월이 흘러 보험설계사를 통해 보험에 가입하지 않고 모든 고객이 직접 인터넷으로 보험에 가입하거나 AI가 설계사의 역할을 대체하는 시대가 올 수도 있겠지만 앞으로 상당한 기간은 설계사가 보험 영업을 책임지는 현재의 패러다임이 유지될 것이다.

1988년 국민연금이 시작될 때를 기억해보라. 저항과 반대가 얼마나 극심했는가? 국가를 믿을 수 없다, 우리가 은퇴했을 때 그 돈은 껌값이 될 것이다, 그동안 전쟁이 날 거다 하는 각종 유언비어가 난무했다. 우리 같은 금융 쪽 종사자들은 더 높은 금리의 상품에 투자하면 훨씬 수익률이 높다는 말로 부정적인 의견을 내기도 했다. 30년이 지난 지금 되돌아보니 그 시절에 팔았던 연금상품이 현재 상품들보다 훨씬 이율이 높고 좋은 상품이었다. 하지만 나에게는 국민연금과 최근에 가입한 상품 외에는 하나도 남은 것이 없다. 더 좋은 상품에 투자하겠다고 모두 해약하고 말았다. 만약 국민연금도 해약할 수 있었다면 지금 남아 있겠는가? 은퇴한 사람들에게 국민연금은 최소한의 생명줄과도 같은 소중한 자산이다. 이처럼 사람들은 자발적으로 인생을 설계하고 준비하기가 쉽지 않고 멀리 보지 못하고 우선 급한 일부터 처리하게 된다. 그래서 선진국이 될수록 사회안전망 차원에서 보험을 허가하고 관리 감독하며 육성하는 것이다. 보험은 미래의 생명줄이다.

보험업의 사명

그런데 사람의 미래를 담보하는 보험이 설계사를 통해 운영되고 관리되다 보니 너무 비효율적인 고비용 구조가 아니냐는 의구심을 갖게 된다. 즉 보험 영업의 본질인 인생 재무설계 역할을 계속하자니 힘이 들고 경비도 많이 드는 것이다. 그래서 비용을 줄이기 위한 다양한 시도를 한다. 한편으로 이런 시도는 필요하고 미래지향적인 것이기도 하다. 그러나 업의 본질을 무시하면 분명히 대가를 지불해야 한다. 고비용 영업구조를 저비용 영업구조로 개선하도록 노력하는 것과 본질에서 벗어난 비용을 줄여 본질에 더 충실한 구조로 개선하는 작업은 별개이다. 보험업은 국민 삶의 길잡이 역할을 하는 것이 바로 본질이고 사명이다. 국가에서 비교적 많은 보호를 해주는 것은 그만큼 보험이 국민의 삶에 직접 영향을 미치기 때문이다. 업의 본질에 충실하면서 그 영역을 확장해 나가는 것이 우리의 사명이다.

3. 보험 영업의 메커니즘

조직의 메커니즘

영업조직은 살아 있는 생명체와 같다. 생명체가 생존하고 성장하기 위해서는 여러 가지 신진대사 작용이 필요하듯이 모든 조직은 그 조직에 부여된 활동을 통해 생존에 필수적인 성과를 창출해야 한다. 그리고 조직은 성과를 창출해준 구성원들에게 보상함으로써 지속 성장을 할 수 있게 된다. 이것을 보험 영업조직의 메커니즘이라고 한다.

내가 처음 직장 생활을 시작한 지점은 15명 안팎의 설계사가 있는 비교적 작은 지점이었다. 당시에 이 정도 규모의 지점이 전국에 1,000여 개가 넘었는데, 1개 영업국은 10여 개 지점을 관리하고, 1개의 지역본부는 10여 개의 영업국을 관리하는 체계로 조직이 구성되어 있었다. 말하자면 회사라는 가장 큰 조직 내에 다양한 크기의 조직으로 분화되어 각자의 기능을 하면서 서로 유기적으로 연결되어 있는 것이다.

당시 나는 맡겨진 조직을 잘 운영할 수 있는 경험과 역량이 부족했다. 내 역할이 무엇인지, 일의 우선순위는 무엇인지, 조직 구성원의 역량은 어느 정도인지, 무엇보다 조직이라는 것이 어떻게 운영되고 있는지에 대해 아무런 경험과 지식이 없었다. 그런 가운데 내가 가장 먼저 한 일은 15명의 설계사와 사무직원의 이름을 프로필과 함께 적어 내 방 책상에 붙여놓고 무언의 대화를 나누는 것이었다. 나는 그들에게 수없이 질문을 던졌다. "제가 무엇부터 해야 합니까? 우리는 무엇을 해야 합니까? 제 역할은 무엇입니까? 먼저 할 일과 나중에 할 일은 무엇입니까?" 이렇게 나와 우리 지점의 꿈, 비전, 목표, 존재 이유에 대해 궁금한 것을 모두 질문했다.

그러자 놀라운 일이 생겼다. 스스로 질문하는 과정을 통해 생각이 정리되었다. 마치 한 사람 한 사람이 나에게 답을 주는 것처럼 느껴졌다. 15명의 설계사는 단순한 보험설계사가 아니었다. 각자는 다양한 나이와 성향만큼 다양한 인생 이야기와 가치관과 꿈을 가지고 있었다. 설계사들의 면면을 이해하고 나니 우리는 빠른 시간 안에 공통분모를 공유할 수 있었고, 서로의 꿈과 목표를 나눌 수 있었다. 나는 지점장으로서 15명의 설계사를 교육, 훈련해 신규 고객을 만들고 성과를 창출하였다. 그때 설계사들에게는 충분한 보상을 해주어 꿈을 실현할 수 있도록 해주고, 지점은 더욱 성장시켜 새로운 설계사가 꿈에 도전할 수 있도록 하는 것이 메커니즘임을 깨달았다. 이러한 메커니즘이 잘 작동하면 더 큰 에너지가 생성되어 점점 더 강한 조직으로 성장하는 것이다.

그림으로 설명하면 다음과 같다.

　결국 회사를 책임지는 경영자는 회사라는 조직의 메커니즘을 운영하는 사람이고, 각 본부를 책임지고 있는 본부장은 본부라는 조직의 메커니즘을 운영하는 사람이고, 하위 조직을 책임지고 있는 사람들은 자기가 맡은 조직의 메커니즘을 운영하는 사람이다. 당시 나는 가장 작은 조직인 지점장으로서 지점의 메커니즘을 운영하고 있었던 것이다.

메커니즘의 업그레이드

　세상을 잘 살기 위해서는 건전한 목표와 그 목표를 달성하기 위해 지켜야 할 원칙과 행동 양식이 있듯이, 조직도 꿈과 비전, 목표가 있고 목표 달성을 위해 필요한 원칙과 방법이 있다.

이러한 메커니즘은 개인이나 기업, 국가에 모두 유사하게 작동하지만, 성과는 역량에 따라 천차만별이다. 여기서 그 이유는 무엇이며 우리가 속해 있는 조직의 역량을 극대화하려면 무엇이 필요한지를 생각해보고자 한다.

첫째는 영업조직의 에너지이다. 이때의 에너지는 바로 1부에서 소개한 인생의 다양한 에너지를 말한다. 보험 영업에서 이러한 에너지는 자동차의 기름과 같다. 따라서 영업관리자들은 보험설계사들의 에너지 활성화를 위한 다양한 지도력을 갖추고 있어야 한다.

두 번째는 영업조직의 경쟁력이다. 영업조직에는 영업관리자와 설계사가 소속해 있다. 이들에게 보험 영업에 필요한 교육과 훈련을 받도록 하여 개인별 영업 경쟁력을 지속적으로 높이게 해야 한다.

세 번째는 활동관리이다. 에너지로 무장하고 영업 경쟁력을 갖춘 영업조직이 성과를 내기 위해서는 정해진 일정표에 따라 계획적이고 체계적으로 활동할 수 있도록 관리체계를 갖추어야 한다.

메커니즘 운영자의 덕목

그렇다면 메커니즘의 운영자가 꼭 갖추어야 할 덕목은 무엇인가?

첫째, 조직의 메커니즘을 정확히 이해하고 있어야 한다. 메커니즘을 꿰뚫어보지 못한 사람이 지도자가 되면 조직을 잘못된 방향으로 인도하게 된다. 조직원들에게 잘못된 일을 시키게 되고, 조직의 비전을 상실케 하여 결국 엄청난 기회비용을 지불하게 한다. 그래서 조직의 메커니즘을 잘 이해한 사람이 조직을 맡아야 한다.

군에서 정문 보초의 임무는 출입을 통제하고 점검하는 일이다. 군 복무 시절 내가 맡은 중요한 임무는 정문 보초를 서면서 VIP 차량이 지나가면 인사를 하는 일이었다. 그런데 신임병일 때 출입하는 차 번호를 다 외웠으면서도 VIP 차량이 지나가는데 인사를 못하고 번번이 놓치곤 했다. 반면에 선임병은 긴장하지도 않고 별로 준비한 것 같지 않은데 VIP 차량이 출입할 때만은 귀신같이 알고 대응하는 것이었다. 내가 눈앞에 보이는 차를 구별하기에 급급한 데 반해 선임병은 이미 VIP의 한 주, 한 달 일정표를 꿰뚫고 있었다. VIP가 몇 시에 회의하고 몇 시에 어디를 가는지, 몇 시에 어디서 출발하면 언제 출입문에 도착하는지 VIP 차량의 메커니즘을 잘 알고 있었다.

둘째, 조직 구성원 각자에게 본인의 경쟁력을 극대화하여 자신의 비전을 실현할 수 있는 구체적 방법을 알려주어야 한다.

셋째, 메커니즘이 중단되지 않고 계속 활성화될 수 있는 에너지를 공급해야 한다.

전기나 연탄이 도입되기 전에는 나무가 연료로 사용되었다. 명절이나 제사 때면 마당에 화덕을 만들고 큰 가마솥을 걸었다. 화덕에 불을 붙이려면 먼저 성냥불로 불씨를 만들어야 한다. 불씨는 주로 마른 풀이나 종이로 하는데 어느 정도 화력이 강해지면 나뭇가지를 넣어 화력을 더 키우고 장작더미에 불이 붙으면 1단계가 끝난다. 장작에 불이 붙었다고 모든 일이 끝난 것은 아니다. 불이 붙은 장작을 계속 잘 타게 하려면 장작을 이리저리 들쑤시거나 새로운 장작을 공급해서 붙어 있는 장작을 서로 엇갈리게 해 산소가 원활히 공급되도록 해줘야 한다. 그래서 누군가는 부지깽이를 들고 화덕 앞에 앉아 불을 관리해야 한다.

조직도 이와 유사하다고 생각한다. 처음 화덕에 불을 붙이기 위해서는 눈물 콧물 흘리며 정성을 들이듯 영업조직의 메커니즘을 작동시킬 때는 누구나 힘겹게 시작한다. 누군가 화덕 앞을 지키며 불타는 장작더미를 이리저리 들쑤셔주지 않으면 불이 꺼지듯, 조직의 운영자는 메커니즘이 잘 작동했더라도 계속 활성화될 수 있도록 섬세하게 보살펴야 한다.

4. 보험 영업 관련자

영업설계사

보험 영업에서 보험설계사는 핵심이다. 보험설계사가 없다면 보험 영업도 없다. 보험상품의 가장 큰 특징이 상품 내용이 복잡하고 구매의 효용성이 나타나기까지 시간이 오래 걸려 비자발적으로 구매가 이루어진다는 점이라고 앞에서 말했다. 즉 사람들이 살아가면서 절대적으로 필요한 각종 인생 자금들은 미리미리 준비해야 하지만 당장 급하다고 생각하지 않기에 고객의 소비 우선순위에서 밀린다. 그래서 고객과 상담을 통해 보험의 필요성을 환기시키고 상품을 설명하고 가입을 권유하고 가입 후에도 지속 관리를 해줘야 한다. 이러한 역할을 감당하는 사람이 보험 영업사원으로 이들을 보험설계사라고 한다. 그들은 고객 처지에서는 재무 주치의라 할 수 있고 회사 차원에서는 매출을 책임지는 판매자인 셈이다.

보험설계사는 판매 성과와 연동되는 보상체계로 운영되는 개인 사업자로서 안정적인 소득을 얻기가 쉽지 않다. 그렇다고 개인별 능력 차가 너무 다른 설계사들에게 근로자 급여를 지급하는 것은 현실적으로 어렵다. 이와 같은 본질적인 이유로 보험설계사를 채용하고 교육하고 훈련하여 스스로 생존할 수 있는 경쟁력을 확보하도록 하는 것은 쉬운 일이 아니다. 이 과정에서 큰 비용이 드는 구조가 보험산업의 아킬레스건이다. 그러므로 보험 영업의 성공은 얼마나 경쟁력 있는 보험설계사를 보유하고 그들을 관리하는 영업관리자를 확보하느냐에 달려 있다 해도 과언이 아니다.

영업관리자

보험 영업을 인지산업이라고도 한다. 그만큼 보험산업은 사람에 의한 사람을 위한 사람에 관한 산업이기 때문이다. 설계사들에게 자신의 꿈과 목표를 수립하여 그것을 실현하기 위해 열심히 활동하게 하고, 회사와 설계사들이 원하는 바를 얻을 수 있도록 영업 메커니즘을 운영하는 사람을 영업관리자라 한다.

영업관리자는 회사와 설계사들이 지향하는 비전이나 꿈을 이룰 수 있도록 구체적이고 합리적인 목표를 설정하고 그 목표를 달성할 방법을 제시하는 사람이다. 그들은 자신이 통솔하는 설계사들이 효과적인 방법과 적절한 프로세스를 따라 영업 활동을 할 수 있도록 교육과 훈련을 시켜 성과를 만들어내도록 한다. 한편으로는 이 과정에서 발생하는 갈등을 해소하고 좌절하고 쓰러진 설계사들에게 새로운 에너지를 제공하는 역할도 병행해야 한다. 그뿐만 아니라 거대한 조직 체계에서 상위의 영업관리자들과 유기적으로 연결하여 서로의 비전과 목표를 일체화시켜야 하는 것도 그들의 몫이다.

• 영업관리자의 리더십 유형

영업관리자들의 리더십 유형에는 첫째, 전형적인 가부장적 리더십이 있다. 전통적인 가정의 아버지나 교장 선생님과 같은 리더십이다. 둘째, 특출한 권위나 영웅적 재능으로 영업조직을 이끄는 카리스마적인 리더십이다. 셋째, 부하직원들에게 권한을 위임하고 그들과 협의를 통해 의사 결정을 하는 민주적 리더십이다. 넷째, 부하직원을 섬기면서 그들의 능력을 끌어내는 서번트(servant) 리더십이다.

• 실패하는 리더십의 특징

일반적으로 실패하는 영업관리자의 리더십 특징은 첫째, 보험업의 본질과 보험 영업의 메커니즘을 잘 모르는 리더이다. 조직이 달성해야 할 목표와 당위성을 앞세워 설계사들이 원하는 것이 무엇인지, 설계사들을 움직이게 할 에너지가 무엇인지를 잘 모르는 경우이다. 인지산업의 특성을 지닌 보험업은 사람이 중심이어야 한다. 보험 영업의 절대적인 존재인 설계사들에게 꿈과 비전을 심어주지 못하고 엉뚱한 방향으로 조직을 이끌어가는 관리자는 자격이 없는 사람이다.

둘째, 사람들과 소통하지 못하고 본인의 권위와 과거 경험으로

만 조직을 통솔하려 함으로써 시대에 역행하는 리더이다.

셋째, 평가·발탁·보상에 대한 합리적이고 공정한 기준이 아니라 본인의 취향이나 개인적인 친분에 의존하는 리더이다.

넷째, 주변에 'NO'라 말해줄 수 있는 참모나 멘토를 두지 않은 리더이다.

다섯째, 본인의 꿈과 조직원의 꿈을 일치시키지 못하는 리더이다.

• **바람직한 리더십의 특징**

모든 구성원이 창조적이며 자기 주도로 일할 수 있도록 도와주는 리더는 첫째, 리더가 업의 본질과 그 조직의 메커니즘에 대한 통찰력을 가지고 있어서 합당한 행동을 요구하고 동의를 얻어 실행하는 리더이다.

둘째, 전체 조직원에 대한 인간적 배려를 바탕으로 꿈과 비전을 공유하고 조직원이 가슴 뛰는 자신의 꿈과 비전을 만들어낼 수 있는 문화를 만드는 리더이다.

셋째, 리더의 꿈과 조직원의 꿈이 일치되도록 조직을 운영하여 조직의 생산성과 잠재력을 극대화하는 리더이다.

넷째, 구체적이며 실현 가능한 목표를 제시하고 함께 실행하는 리더이다.

마지막으로 평가·승진·보상·발탁에 대한 합리적이고 공정한 기준과 실천으로 비전을 극대화하는 리더이다.

조직의 생존과 성장 그리고 번영이란 측면에서 오늘날 과학과 기술 문명이 아무리 발달해도 리더인 영업관리자의 중요성이나 역할이 축소되지 않는다. 오히려 그 중요성이 증대되고 있다 해야 옳을 것이다. 왜냐하면 조직을 운영하는 일이 과거보다 복잡해져 더 정교하고 섬세한 배려가 요구되기 때문이다. 무엇보다도 사람이 일을 수행해야 하는 인생 재무설계를 업의 본질로 하는 보험은, 업의 리더로서 영업관리자의 역할이 어느 업종보다 중요하다.

5. 영업의 골든 룰

메커니즘과 공식

모든 일에는 공식이 있다. 즉 과정이 있고 그에 따른 결과가 있다. 수학이나 과학 공식에 수를 대입하면 올바른 답을 얻듯이 어떤 업종이나 분야에도 그 조직이 작동하여 결과를 만들어내는 메커니즘에 근간이 되는 공식이 있다. 그래서 공식대로 움직일 때 그 메커니즘은 같거나 유사한 결과를 만들어낸다.

예를 들어보자. 공부를 잘하는 것도 공식이 있다. 중요도에 따라 암기할 것과 이해할 부분이 따로 있다. 중학교 2학년 때로 기억하는데 한 친구가 국사 시험 준비를 하면서 시험에 나올 만한 전 구간을 통째로 암기했다. 그런데 그 친구는 좋은 성적을 내지 못했다. 공부를 잘하는 공식대로 하지 않았기 때문이다.

축구나 야구같이 단체가 팀을 이루어 성과를 내는 스포츠의 공식과 권투나 피겨스케이팅 같이 개인 종목의 성공 공식이 다르듯이 할인점과 같은 유통업이 가지고 있는 메커니즘과 명품점이나 백화점의 메기니즘은 다를 수밖에 없다.

아무리 좋은 물건을 만들어도 매출로 이어지게 하려면 경쟁력 있는 판매망과 판매조직 없이는 힘들다. 내가 아는 중소기업 중에는 비교적 경쟁력 있는 아이디어로 참신한 물건을 만들었으나 판매망을 가지고 있지 못해 판매를 못하거나 판매한다 해도 제값을 받지 못하는 경우가 많았다. 아무리 좋은 영화라 해도 영화관에서 상영하지 못하면 소용없는 것도 마찬가지 경우이다.

한 해에도 수십만 개의 회사가 창업과 폐업을 반복하고 있다. 원인이야 다양하겠지만 사업가가 자신이 하고자 하는 업의 메커니즘과 공식을 정확히 모르면서 진행한 경우가 많을 것이다. 오직 결과에 대한 욕심 때문에 의욕만 앞서 무모하게 도전했다가 실패하는 것이다. 많은 사람이 의욕에 넘쳐 책임자의 지위에 오르지만 모두가 성공하지 못하는 것도 같은 이유일 것이다.

기업이 성장해가는 과정에서 좋은 조건으로 M&A(인수합병)를 한다 해도, 그 업의 본질과 메커니즘을 이해하고 그 업이 이루어지는 공식까지 이해해야 성공할 수 있다. 인수 전 재무구조나 기타 문제의 위험성은 어느 정도 파악을 했더라도 업의 본질과 메커니즘과 공식을 터득하는 것은 쉬운 일이 아니고 빠른 시간에 터득되는 것도 아니다. 그러므로 업의 본질과 메커니즘과 공식을 잘 아는 사람에게 조직의 운영을 맡겨야 성공할 수 있다.

보험 영업의 골든 룰

제품을 자발적으로 구매하는 고객은 매장을 직접 찾거나 온라인쇼핑몰 또는 홈쇼핑에서 직접 구매한다. 그런데 보험은 눈에 보이지 않는 무형의 상품이고 장기 계약으로 당장 효과를 느낄 수 없는 상품이라 백화점 같은 매장에 진열할 수도 없고, 온라인을 통해 판매하기도 쉽지 않다. 이처럼 자발적인 구매가 어려운 보험은 판매자가 직접 고객을 만나서 구매를 권유하고 설득해야 한다. 디지털 마케팅이 일상화된 이후 세대에는 보험 가입 방법이 지금과는 달라질 수 있어서 그에 대한 준비까지도 병행해나가야 한다.

그러나 아직 보험 판매의 골든 룰은 판매조직의 수와 생산성과 활동 시간에 의해 좌우된다. 흔히 보험 판매를 종교의 전도 활동에 비교하는데 눈에 보이지 않고 당장 효과를 느끼기 어려워 누군가의 권유와 설득이 필요하다는 점에서 유사하기 때문이다. 그래서 보험 판매의 골든 룰은 '영업사원 수×생산성×활동 시간=성과'라고 정의할 수 있다. 이 경우 판매원의 수, 판매조직의 경쟁력, 판매조직의 활동 시간이 곧 그 회사의 경쟁력이자 매출 규모이고 기업 가치의 잣대가 된다.

경쟁력의 업그레이드

회사의 성장을 보장할 수 있는 가장 큰 원동력은 바로 이 공식의 합을 업그레이드시키면 된다. 즉 현재보다 이 회사의 매출을 10% 성장시키고자 한다면 이 공식의 합을 10% 향상하면 된다. 예를 들어 판매조직이 10,000명이고, 1인당 월평균 판매량이 100만 원에, 월평균 활동 시간이 1,000시간이라는 가정에서는 세 가지 방법 중 하나를 달성하면 된다. 조직의 수를 1,000명 더 늘리든지, 1인당 월평균 판매량을 10만 원 더 늘리든지, 일하는 시간을 100시간 더 늘리면 매출은 10% 늘어나게 된다. 설계사를 늘리고 생산성을 늘리고 일하는 시간을 늘린다고 해서 고정비가 늘어나는 것이 아니므로, 회사는 끊임없이 조직을 늘리고 생산성을 높이고 더 많은 시간을 판매 활동에 집중하도록 독려해야 한다. 그러나 숫자를 늘리고, 인당 생산성을 늘리고, 일하는 시간을 늘리는 것이 쉬운 일은 아니다.

결론적으로 말해 '조직원 수×생산성×활동 시간'이 보험 영업의 골든 룰이고, 이 공식의 총합을 끌어올리는 것이 메커니즘 운영자의 몫이다.

이 세 가지 요소를 각각 개선해야 하지만 경험적으로 볼 때 효과가 확실하고 좀 더 실행하기 쉬운 순위는 첫째, 조직의 수를 늘리는 것이고 둘째, 시간을 효율적으로 사용하는 것이고 셋째, 생산성을 올리기 위한 다양한 방법을 구사하는 것이다. 그러므로 경쟁력은 이런 골든 룰을 성공적으로 운영할 관리자의 경쟁력에 달려 있다.

6. 판매와 구매 프로세스

판매자의 역할

1990년 내 생애 첫 자동차를 구매하면서 거의 한 달간에 걸쳐 혼자 고민했던 기억이 생생하다. 길을 가면서도 자동차만 보게 되고 어느 회사, 어떤 차종, 어떤 색깔을 선택할지 하루에도 몇 번씩 마음이 바뀌는 바람에 좀처럼 결정을 내릴 수가 없었다. 내가 차에 대해 문외한이라는 점도 선택을 어렵게 했다. 남들과 상의를 해도 취향과 생각이 달라 별반 도움이 안 되었다. 한 달 정도 고민한 끝에 드디어 기아자동차의 진한 베이지색 캐피털로 결정을 내렸다. 왠지 멋있어 보여 그 차를 사겠다는 생각으로 드디어 자동차 판매장에 들렀다. 영업장에는 신입사원처럼 보이는 젊은 직원이 혼자 있었는데, 내가 원하는 차를 말했더니 지금 영업장에는 그 색깔의 차는 없고 다른 색 차밖에 없다고 했다. 그리고는 더 이상의 권유나 설명도 없이 내 반응만 기다리는 것이었다. 차 구매 문제로 한 달 내내 고민했는데, 한순간에 바꾸기는 쉽지 않아서 다음에 오겠다고 했더니 연락처도 안 물어보고 그냥 돌려보내는 친절한 초보였다.

그날 오후 대우자동차 영업팀장이 교육생을 동행하고 돌입 개척이란 활동 목적으로 우리 사무실에 들렀다. 물론 그는 처음 보는 사람이었다. 내가 지나가는 말로 오늘 자동차를 사러 갔다가 그냥 돌아온 이야기를 했더니 그 영업팀장은 반짝이는 눈으로 나를 보며 잠깐 소파에 앉자고 했다. 그러더니 30분에 걸쳐 나를 설득하고 대우 차를 구매할 것을 권유하기 시작했다. 난 그때까지 대우 차는 생각지도 않았는데 30분 만에 그가 소개해준 진한 회색의 대우자동차 르망 살롱을 계약금 10만 원을 주고 샀다. 바로 다음 날 차가 도착했다. 차를 사는 과정에서 내가 한 일은 별로 없고 대부분 그 영업팀장의 의견에 따랐다. 그런데 선택 과정의 염려와 달리 차를 사고 나니 매우 만족스러웠다. 그 이후로 10년 넘게 잘 타고 다녔다. 그뿐 아니라 한동안 나는 대우 르망 자동차의 홍보 요원 역할을 자처했다. 누구나 구매를 결정하고 나면 자신의 선택이 옳았음을 인정받고 싶어 하는 심리가 작동하는 법이다. 이처럼 판매와 구매가 이루어지는 과정을 보면 판매자의 실력이 중요하게 작용함을 알 수 있다. 판매자의 능력이 뛰어나면 판매자 중심의 거래가, 반대로 구매자의 실력이 뛰어나면 구매자 중심의 거래가 이루어진다.

미국의 전설적인 권투선수 무하마드 알리의 경기 스타일을 "나비처럼 날아서 벌처럼 쏜다."고 표현한다. 나비는 평소에 유유히 꽃과 꽃 사이를 날아다니면서 꽃들의 자연 수분(수정)을 돕는다. 한편 벌은 위기 때 온 힘을 다하여 침을 쏘아 상대방에게 치명상을 입힌다. 이는 아웃복서인 알리가 마치 나비처럼 유유히 상대 선수의 힘을 빼놓은 후 기회가 생기면 빠른 발을 이용해 벌처럼 맹렬하게 공격하는 것을 비유하는 말이다. 이 말을 그대로 판매에 임하는 판매자의 스타일에 비유할 수 있겠다.

판매자가 구매자에게 물건을 파는 과정은 크게 두 단계로 구분할 수 있다. 판매를 준비하는 단계와 판매를 성사시키는 단계이다. 준비 단계는 판매자와 구매자가 서로 알아가는 과정으로, 구매자의 요구를 잘 듣고 그 필요를 채우며 구매 욕구를 확대하고 상품을 설명하고 제안하는 과정이다. 판매를 성사시키는 단계는 제안한 상품을 선택하고 계약서에 사인하는 과정이다. 대부분 경험이 많지 않은 판매자는 고객의 심리를 잘 모르기 때문에 구매자를 보면 판매하고 싶은 욕심이 앞선다. 그래서 앞의 예와는 반대로 처음에 벌이 침을 쏘듯 덤벼들다가, 정작 강한 추진력이 필요한 의사 결정 순간에는 나비처럼 얌전히 고객의 처분만 기다리다 실패하고 만다. 이것이 프로와 아마추어의 차이이다. 준비 단계에서는 나비처럼 유유히 고객의 의사 결정을 돕다가 정작 결정의 순간이 오면 벌처럼 강하게 추진하는 것이 프로이다.

축구나 야구와 같은 스포츠에서도 이 원칙은 그대로 적용된다. 강한 팀은 준비 기간에는 여유 있게 힘을 축적하고 기회를 엿보다가 결정적 순간에 강력한 공격을 한다. 반면 약한 팀은 준비 단계에서 서두르고 힘을 낭비하다가 결정적 순간에 힘을 쓰지 못한다.

판매에 대한 믿음

판매에는 정당한 프로세스를 따르면 반드시 판매할 수 있다는 믿음이 필요하다. 이는 올바른 방향으로 운전하면 눈에는 안 보이지만 결국에는 종착지에 도달한다는 믿음과 같다. 그러나 대부분은 결과에 대한 확신이 없기에 몇 번 시도해보다 의심하고 지쳐 포기하고 만다. 나는 타자를 배우지 못했다. 몇 번이고 시도했지만 번번이 실패했다. 이유는 내가 컴퓨터 자판을 쓸 일이 많지 않기에 필요하면 남에게 부탁하는 것이 효율적이었기 때문이다. 하지만 주변 사람들이 3개월 정도면 어느 정도 사용할 수 있다고 알려주어서 훈련을 시작했다. 자판 연습을 시작하고 시간이 지나면서 확실히 처음보다 나아졌다. 그리고 마침내 이렇게 이 글을 직접 입력하고 있다. 이처럼 결과에 대한 확신이 중요하다. 결과에 대한 확신은 이전의 성공 경험에서 나온다. 따라서 성공 경험이 없는 사람은 매사에 의심하고 망설일 수밖에 없어 강한 추진력이 나올 수가 없다.

모든 일에는 결과를 수반하는 전제조건이 있다. 음식이 맛있고 가격이 적정하면 손님은 오게 되어 있다. 일반적으로 백화점은 유동인구가 많은 번화가에 있다. 할인매장은 임대료가 싼 한적한 곳에 자리 잡더라도 가격 경쟁력을 갖추면 고객이 찾아온다. 이처럼 어떤 일의 성과를 위해서는 그 업종마다 적합한 전제조건이 있기 마련이니 이 조건을 아는 것이 능력이다.

미스매치

왜 판매가 어려운가? 그것은 판매자와 구매자 간에 원하는 바가 서로 다르기 때문이다. 우리는 무엇인가를 구매하고자 하면 본능적으로 망설임이 앞선다. 말하자면 선택의 어려움을 겪는 것이다. 사려는 것이 고가일수록 그 어려움은 더 커진다. 물론 빨리 결정하는 사람도 있지만 대부분은 선택에 어려움을 겪는다. 특히 여성들은 구매를 결정하기 전에 더 꼼꼼해진다. 반대로 판매자는 구매자의 이런 심정과 상관없이 빨리 판매에 성공하고 싶어 한다. 이처럼 서로 생각의 불일치가 생긴다. 판매자를 맞이하는 구매자의 심리 상태는 공격을 당하는 수비수 입장이 된다. 소소한 물건이나 가격이 저렴한 물건은 심리적 저항이 작겠지만 고가일수록 구매자의 심리적 저항은 더 커지게 되어 있다. 구매자가 스스로 상품에 대한 정보를 충분히 파악하고 구매 의사를 결정하여 선택만 하면 될 때도 망설이게 되는데, 판매자의 강력한 구매 권유와 설득으로 구매를 결정하는 보험상품의 경우 그 심리적 저항감은 훨씬 커지게 되어 있다.

구매 욕구가 생성되지 않은 구매자가 영업사원의 권유를 받게 되면 다음과 같은 심리적 변화를 경험하게 된다. 영업사원의 권유에 대한 구매자의 일차적 반응은 필요성에 상관없이 무관심하고 거부감을 보인다. 이 단계에서 쉽게 포기하는 영업사원도 있다. 계속되는 영업사원의 권유에 대한 구매자의 이차적 반응은 귀찮아하며 회피하고 외면하려 한다. 이쯤 되면 초보 영업사원 상당수가 포기한다. 그러나 거절했음에도 불구하고 영업사원의 한결같은 진정성 있는 권유를 받으면 구매자는 우려 반 호기심 반으로 관심을 갖고 거래에 참여하게 된다. 그리고 마지막에는 오히려 거절했던 것을 미안해하고 권유에 감사해하며 지속적인 사후 관리를 부탁하게 된다.

판매의 전제조건

'지피지기면 백전백승'이라 했다. 위와 같은 구매 과정 중에 일어나는 구매자의 심리 상태를 판매자가 사전에 인지하고 거기에 맞게 대응하면 판매의 성공확률은 높아진다. 그래서 판매자가 알고 있어야 할 판매의 전제조건을 요약하면 다음과 같다.

첫째, 모든 사람은 필요한 물건(보험)을 구매하게 되어 있다. 그리고 그러한 구매 활동은 계속된다.

둘째, 구매자와 판매자는 구매 과정에 아래 표와 같이 서로 다른 생각을 한다. 즉 판매자는 나에게 살 것을 기대하지만 구매자는 가능하면 여러 곳을 비교하고 싶어 한다. 그런 다음 판매자는 지금 당장 구매할 것을 원하지만 구매자는 자꾸 미룬다. 마지막으로 판매자는 비싼 것을 팔고 싶지만, 구매자는 싼 것을 사고 싶어 한다. 이상과 같이 판매자와 구매자는 서로 거래 과정의 의사 불일치를 경험하는 것이다.

	고객	영업사원
가격	싼 것	합리적 가격
시간	나중에	당장
대상	다양한 선택 가능	본인에게만

셋째, 판매자는 구매자의 심리 변화를 꿰뚫어 보고 시간을 더 주어야 하는지 지금 당장 의사 결정을 강하게 권유해야 하는지 감각과 경험을 통해 알아야 한다.

넷째, 마지막 결정 단계에 이르러서도 구매자는 마지막 저항을 하게 된다. 왜냐하면 마지막까지도 구매자는 '잘못된 결정을 하는 게 아닌가, 하고 멈칫 하면서, 의사 결정 상황을 빠져나가고 싶은 마음이 들기 때문이다. 그래서 이 단계에서 강력한 권유와 추진력이 필요하다.

마지막으로 결정 후에 구매자는 걱정과 불안, 잘못된 결정에 대한 두려움과 함께 다른 한편으로는 안도감과 후련함의 상반된 감정을 가지게 된다. 이때 판매자의 추가 설명과 사후 봉사는 고객이 진정성을 느끼고 감동하게 하는 계기가 된다.

7. 삼투압 현상

시장의 원리

시장가격은 수요와 공급이 일치하는 곳에서 형성된다. 수요가 공급에 비해 많으면 가격은 올라가고 반대로 수요가 공급에 비해 적으면 가격은 내려간다. 이처럼 수요와 공급이 변동하면서 가격 균형점을 찾아가게 된다. 시장에는 많은 시장 참여자가 존재한다. 나 혼자만 영업하는 것이 아니라 다양한 경쟁자가 모여서 경제활동을 하고 각각의 정체성을 가지고 시장에 참여하고 있다.

구매자인 참여자가 다른 한편으로는 판매자로 참여하기도 한다. 항상 구매자 역할만 하거나 항상 판매자 역할만 하는 것이 아니라 구매자이며 동시에 판매자가 되는 셈이다. 그뿐만 아니라 수요자 관점에서 경제활동에 참여하기도 하고 공급자 관점에서 참여하기도 한다. 이처럼 다양한 주체들이 다양한 형태로 시장에 참가하고 있다. 우리는 하루에도 수많은 선택을 한다. 선택에는 사소한 것도 있고 중요한 것도 있다.

그렇다면 이러한 선택의 기준이 되는 것은 무엇인가? 물론 수요와 공급 때문에 결정되는 시장가격을 따른다. 그것 말고도 우리의 선호도나 취향 등 다양한 요소가 선택에 영향을 미친다. 수많은 참여자의 선택 때문에 시장의 움직임을 만들어내는 힘을 삼투압 현상에 비교하여 설명할 수 있다.

삼투압 현상

배추를 소금물에 절이면 배추의 수분이 빠져나가 부피가 줄어들면서 쭈글쭈글해진다. 혈액 중의 적혈구는 설탕물에 두면 쭈그러들고 물에 담그면 부풀어올라 터진다. 이처럼 용매는 같지만 농도가 다른 두 용액이 반투막을 사이에 두고 있을 때 농도가 낮은 용액의 용매가 농도가 높은 용액으로 이동하는 현상을 삼투압이라 한다.

이러한 삼투압 현상을 경제활동이나 사회활동에도 적용할 수 있다. 시장은 강한 쪽으로 이동하는 경향을 나타낸다. 예를 들면 시장에 A, B, C 회사가 있을 때 시장에 참가하는 구성원은 세 회사 중 가장 삼투압이 강한 쪽으로 움직인다. 여기서 말하는 삼투압이란 그 회사가 제공하는 여러 가지 장점이나 혜택과 같은 매력을 말한다. 노소를 막론하고 집에 있기를 좋아하는 사람이 있고, 밖에 나가기를 좋아하는 사람이 있다. 그 이유는 간단하다. 본인이 더 좋은 곳, 편안한 곳, 더 즐거운 곳으로 움직이는 것이다. 즉 집이 좋으면 집에 머물고, 집이 싫으면 밖으로 나가게 된다. 가출하는 사람의 이유가 뭘까? 집에 아무런 문제가 없는데 가출하는 경우는 드물 것이다. 집이 무섭고 불편하므로 가출하는 것이다.

이처럼 반투막을 사이에 두고 용액의 강도가 센 쪽으로 움직이는 것처럼 사람도 이와 유사한 성향을 보인다.

영업의 현장에서 일하는 사람들은 여러 가지 선택을 요구받는다. 그리고 시장에서 선택받는 사람이 시장의 승자가 된다. 이와 같은 삼투압 현상의 작동 원리가 가정이나 직장, 사회에서도 유사하게 작동하고 있다.

물리학에서 원심력과 구심력의 원리가 있다. 안에서 당기는 힘과 밖으로 나가려는 힘을 말한다. 말하자면 삼투압이 높은 쪽으로 원심력이 작용하는 것이다. 우리가 조직의 원심력을 강하게 하기 위해서는 조직의 삼투압을 끌어올려야만 한다. 그리고 그 삼투압을 올릴 수 있는 요소를 찾아내야 한다. 왜냐하면 그 요소가 우리의 경쟁력이고 차별점이기 때문이다.

오늘날 전 세계의 젊은이들이 미국으로 유학해서 학위를 취득하고 싶어 하는데, 그것도 모자라 미국시민권이나 영주권을 갖고 싶어 한다. 그것은 미국이란 나라가 강한 삼투압을 가지고 있어서 강한 원심력으로 사람들을 끌어들이기 때문이다. 학생들이 선호하는 일류 대학이나 선호하는 일류 직장도 마찬가지이다.

조직의 삼투압을 올리는 요소

조직의 삼투압을 끌어올릴 수 있는 요소는 무엇인가? 첫째, 민주적이고 합리적인 시스템이 작동하는 조직. 둘째, 성공을 보장하는 역량을 갖춘 조직. 셋째, 각 구성원에게 행복감을 주는 문화를 갖춘 조직. 넷째, 합리적이고 공정한 보상 시스템이 작동하는 조직. 마지막으로 바람직한 리더십을 갖춘 리더가 운영하는 조직이다.

이러한 요소를 갖춘 조직이라면 그 조직은 이 요소들이 강력한 경쟁력이 되어 삼투압을 끌어올리고, 그 삼투압은 원심력을 극대화하여 시장에서 승자가 될 수 있게 해준다. 작은 규모의 조직이든 큰 규모의 조직이든 상관없이 그 조직의 운영자와 구성원은 삼투압 현상을 잘 이해하고 그 압력을 높일 수 있는 여러 가지 구성요소를 찾아내어 업그레이드시키는 노력을 기울여야 한다. 시장의 크기가 무한하지도 않고 기회가 무한한 것도 아니다. 한정된 파이를 나누기 위해서는 수요와 공급에 의한 시장가격 형성에 참여하면서, 시장의 참여자는 농도가 높은 곳으로 이동하려는 경향이 있다는 점을 이해해야 한다. 그리고 우리가 그런 선택을 받을 수 있도록 우리의 삼투압을 끌어올려야 한다.

시장은 공평하게 분배하지 않는다. 문전성시를 누리는 식당이 있는가 하면 파리 날리는 식당도 있다. 구인난에 시달리는 회사가 있고 수십 대 일의 경쟁을 뚫어야 입사가 가능한 곳도 있다. 이러한 현상들은 모두 삼투압이 작용한 것이라 할 수 있다.

과거에는 결혼한 후에 다소 불만이나 성격 차이를 느껴도 숙명적으로 받아들이면서 결혼생활을 유지했다. 그러나 오늘날에는 과거의 가치관으로 결혼생활을 유지할 수 없다. 최근의 높은 이혼율이 이를 증명해준다. 보험 영업도 과거와는 비교할 수 없을 만큼 경쟁 환경이 바뀌었다. 무엇보다 시장 참여자의 이동 현상이 상상 이상이다. 오늘날 수많은 금융기관이 경쟁하는 영업 현장에서 각자의 고객을 지키고 조직을 유지하여 지속해서 생존하고 성장할 유일한 길은, 각자의 삼투압을 끌어올릴 수 있는 요소를 찾아내 끌어올리는 것이다.

2장

성공 영업을 위한 액션 플랜

내가 일관되게 지향했던 영업의 목표는 고효율 저비용 영업구조로 높은 생산성과 수익을 달성하여 주주가 만족하는 회사, 고객이 신뢰하는 회사, 설계사와 직원이 일하고 싶은 회사를 만드는 것이었다. 그것은 지금까지 설명한 영업 원리를 바탕으로 더 나은 미래를 만들려는 에너지를 일으키고, 이를 통해 우리가 운영하는 영업 메커니즘을 활성화하고 업그레이드함으로써 가능하다. 이와 같은 영업 목표를 위한 구체적인 실천 방안을 하나하나 살펴보고자 한다.

1. 보험설계사의 정체성

3층 보장과 설계사

'3층 보장'이라는 말을 들어보았을 것이다. 우리가 살아가면서 꼭 필요한 인생 자금을 마련하는 방법을 말한다. 국가가 해주는 국가 보장(국민연금)과 기업이 해주는 기업 보장(퇴직금 등)이 있지만, 그것으로는 충분하지 않으므로 스스로 준비해야 하는 개인 보장까지 포함해서 3층 보장이라고 한다. 그런데 계속 언급한 바와 같이 개인 보장의 주역인 보험은 자발적 구매가 어려워서 도와주는 사람이 필요하다. 이 역할을 담당하는 사람이 보험설계사이다. 그러므로 보험설계사의 중요성과 가치에 대해 올바르게 이해해야 한다.

먼저 보험 영업에 있어 절대적인 존재인 신규 영업사원 한 명을 채용하고 육성하는 과정이 얼마나 어려운지를 알고 있어야 한다. 그래야 조직의 소중함을 알게 된다. 아무리 엄선하여 발탁하고 체계적인 교육과정을 이수한다 해도 1년 후 실제 생존 가능한 보험설계사는 20~30퍼센트 정도에 불과하고, 2년이 지나면 10~20퍼센트 정도만 살아남는다. 엄청난 비용과 인력이 투입되고 수십 년의 비법이 전수되어도 그 이상의 진전이 어려운 것이 현실이다.

그만큼 보험설계사의 지속적인 생존이 어렵다. 그러다 보니 최근에는 매달 유입되는 사원 숫자보다 탈락하는 숫자가 더 많을 때도 있다.

이런 상황에서 수많은 경쟁자가 서로의 삼투압으로 기존의 영업사원을 끌어당기고 있다. 어떤 지점이나 회사도 유입되는 사원보다 탈락하는 숫자가 많으면 이내 사라지고 만다는 것은 자명하다. 그러므로 회사는 물론 영업관리자의 가장 중요한 임무는 보험설계사를 늘리는 일이다. 이를 위해 영업관리자는 본인이 가용할 수 있는 모든 에너지를 최우선으로 조직에 도입하고, 기존 사원 한 명 한 명을 성장시키는 데 힘써야 한다. 지금 당장 실적이 부진하다 해도 이들은 바늘구멍 같은 생존율을 통과하여 살아남은 사람들이다. 이러한 설계사 한 명을 확보하려면 수년이 걸린다. 그래서 각 설계사별로 각자의 역량에 맞게 지원하고 육성해나가는 것이 중요하다.

개인 사업자인 보험설계사

보험설계사가 없으면 영업관리자도 사무직도 간부도 모두 필요 없어진다. 영업조직의 핵심은 다른 무엇도 아니고 보험설계사이기 때문이다. 대한민국에서 보험업의 성장은 보험설계사들의 헌신과 희생 없이는 불가능했다. 최소한 현재까지 보험의 대부분은 설계사를 통해 판매되므로 보험설계사는 보험 영업의 알파이자

오메가이다. 대부분 근로자는 일단 일터에 나가면 정해진 일이 있다. 그리고 정해진 일을 열심히 하느냐 안 하느냐의 문제는 있지만 주어진 일만 하면 대부분은 성과와 상관없이 소득이 발생한다. 그러나 보험설계사에게는 실적이 없으면 소득도 없다. 이 점은 매우 중요하다.

관리자들이 보험설계사의 정체성을 착각하거나 오해함으로 과한 의무를 요구하는 잘못을 할 수 있다. 보험설계사는 보험회사와 계약 관계를 통해 회사는 사무실과 교육 서비스 그리고 상품을 제공하고, 설계사는 오직 판매에 집중하여 판매 수수료를 받는다. 따라서 보험설계사는 개인 사업자의 신분을 가지며 본인의 성과가 없으면 어떤 소득도 발생하지 않는다. 자칫 잘못하여 권리는 개인 사업자인데 의무는 근로자로 착각하면 안 된다. 보험설계사의 중요성을 인식하고 대우하고 경쟁력을 키우도록 하여 지속해서 생존할 수 있도록 육성해야 한다.

2. NRP를 통한 우수신인 도입과 육성

신입 설계사 채용의 어려움

기업은 물건을 만들어 판매해야 운영되기 때문에 영업이 중요하다. 물론 물건이 없어서 못 팔 정도로 인기가 있거나 만들자마자 판매가 된다면 영업조직이 왜 필요하겠는가? 그러나 제품의 차별성이 크지 않거나, 공급보다 수요가 부족하거나, 자발적 구매가 어려운 업종의 경우에는 영업력이 미치는 영향이 절대적이다. 영업의 골든 룰에서 상세하게 설명했듯이 보험 영업은 우수한 보험설계사가 핵심 요인이다.

보험설계사를 늘리기 위해서는 기존 설계사가 탈락하지 않고 새로운 우수신인을 지속해서 늘리고 정착시켜야 한다. 주어진 일을 하면 소득이 보장되는 관리자나 근로자는 항상 지원자가 넘친다. 하지만 판매 성과에 따라 소득을 얻는 보험설계사의 경우에는 생존도 어렵고, 성공이 가능한 신인을 선발하기란 더욱 어렵다. 따라서 회사 차원에서 어떻게 하면 우수한 설계사를 채용하고 육성할 것인가를 가장 많이 고민해야 한다. 우수설계사를 늘리는 것은 회사의 미래가치를 높이는 일이다. 그래서 보험설계사의 채용에 대한 책임은 회사와 영업관리자에게 있다. 현장책임자인 영업관리자의 역할 중 누구도 대신해줄 수 없는 일이 바로 새로운 보험설계사를 채용하고 육성하는 일이다. 그러므로 영업관리자는 이 업무에 자신의 모든 역량과 시간과 비용을 최우선으로 쏟아야 한다. 그리고 우수한 영업사원을 늘리는 영업관리자를 우대해야 한다.

영업 성과를 창출하는 요소는 고정되어 있다. 즉 영업점의 크기, 사무직의 수, 기존 설계사의 수, 가용할 경비와 판매상품 등은 고정되어 있지만 새로 설계사를 채용하는 것은 얼마든지 늘릴 수 있는 일이다. 나는 오랜 영업관리자 생활을 통해 설계사를 선발할 수 있는 재량권과 권한이 영업관리자에게 부여된 것이 특권이라 생각했다. 그것은 부담이 아니라 기회이다. 만약 새로운 설계사를 선발할 수 없다면 영업관리자가 차별화할 수 있는 일도, 성과를 낼 수 있는 여건도 제한적일 수밖에 없기 때문이다. 그러나 업적은 눈에 보이는 지금의 일이고, 새로운 조직을 늘리는 것은 그 중요성을 알지만 당장 급하지 않게 느껴져서 우선순위에서 밀려날 수 있다. 그래서 영업관리자는 마음의 중심에 우수신인을 늘리는 일을 가장 중요한 일로 새기고 있어야 한다.

우수 신입 설계사의 채용과 육성

자발적 지원자가 적은 보험설계사를 안정적으로 확보하기 위해서는 먼저 영업관리자 중심의 신인 채용 시스템이 정착되어야 한다. 새로운 설계사의 채용은 설계사가 아닌 회사가 하는 것이다. 엄밀히 말하면 보험설계사의 관심은 실적이지 리크루팅이 아니다. 기존 설계사가 영업 활동을 직접 수행하면서 설계사 후보자를 소개하고 리크루팅에 동참하는 것은 참으로 고마운 일이다. 가끔 정해진 급여를 받는 관리자가 리크루팅의 의무를 설계사에게 돌리는 경우가 있는데, 이것은 결혼 당사자가 본인의 결혼을 중매자에게 맡기는 것과 같다. 리크루팅은 기존 설계사의 도움을 받을 수 있지만, 철저히 회사 몫임을 분명히 해야 한다. 대부분의 회사는 입사 이후부터 공식적인 교육과정을 운영하고 있지만, 성공 가능성이 없는 신인을 교육하고 훈련하여 정착시키지 못함으로써 비용을 낭비하고 비효율성을 초래하기도 한다.

• NRP(New Recruiting Process)

신인을 리크루팅하고 육성하여 정착하는 것은 결혼한 부부가 아이를 낳아 양육하는 것과 같이 힘들고 대단한 일이다. 아이가 태어나면 모든 것이 바뀐다. 아빠 엄마의 생각이 바뀌고 형제자매의 생각이 바뀌고 할아버지 할머니의 생각도 바뀌어 집안 전체가 바뀐다. 아이는 희망과 책임과 부담을 동시에 가져다주는 존재이다. 힘겨운 출산과 양육을 모두가 포기해버리면 한 가문은 물론 수백만 년 생존해온 인류도 없어지게 된다. 신인 설계사의 도입이 미치는 영향은 이와 다를 바 없다. 신인 설계사 도입은 어렵고 힘들지만 대단한 일이다. 단순히 영업사원 한 명 느는 것이 아니라 영업관리자와 동료 설계사 모두에게 영향을 미치고 분위기가 바뀌고 희망이 넘치고 책임감이 달라진다.

NRP 시스템은 내가 지점장 시절부터 영업본부장 시절까지 일관되게 실천했고 비교적 성공적으로 수행했던 보험설계사 채용 시스템이다. 나는 이것을 관리자 중심의 리크루팅 시스템이라고 강조했다. 간단하게 설명하자면 다음과 같다.

첫 번째는 후보자 발굴 단계이다. 기관장이 매일매일 후보자를 직접 발굴하든지, 아니면 설계사들에게 소개를 받든지, 리크루팅 세미나를 통해 발굴하든지, 신인 후보자를 발굴하여 후보자에 대해 이름, 직업, 나이, 성향, 특징과 같은 정보를 데이터베이스화한다. 이는 보험설계사가 가망 고객을 확보해나가는 것과 같다. 보험영업관리자는 영업의 어려움 때문에 항상 지원자가 부족하여 설계사 선발에 어려움을 겪는다. 설령 가능성이 있다 해도 본인이 일할 의사가 없으면 아예 잠재력 개발 과정 자체가 무의미해 시작도 못하는 경우가 많다. 그렇다고 기업으로서 성과와 상관없이 무작정 도입과 정착 비용을 투입하기도 쉬운 일이 아니다. 그래서 이 일을 할 수 있는 사람은 기존 설계사들의 도움을 받아 영업관리자가 해야 한다. 좋은 후보자를 소개해준 사람에게는 감사와 보상을 해주어야 한다. 왜냐하면 리크루팅에 참여한 설계사는 대부분 본인의 고객과 시장을 뺏기는 희생을 감수하기 때문이다.

두 번째 단계는 축적된 후보자가 입사 결정을 하기 전부터 관리하고 상담하고 설득하는 과정을 통해 스스로 선택할 힘을 주는 것이 필요하다. 이를 흔히 배양이라 한다. 이 과정에서 비용이 수반되고 기다림과 시간이 소요된다. 이때 각종 자료나 데이터를 가지고 메신저 역할을 하는 팀장이나 사원과 지속적인 소통을 통해 신뢰를 구축해나가야 한다.

세 번째 단계는 어느 정도 배양되어 준비되고 신뢰가 생겼을 때 회사의 교육과정을 제시하여 스스로 선택할 수 있도록 교육의 기회를 주어야 한다.

네 번째 단계는 불안하고 의심 가득한 신인을 고려하여 초기의 정교한 교육과정이 중요하다. 사람은 교육을 통해 역량을 발휘하게 된다. 학생들도 교육을 통해 성장해나가듯 신입 설계사의 역량도 교육 때문에 개발된다. 무궁무진한 가능성을 가지고 있다고 해도 개발하지 않으면 의미가 없다. 그래서 보험 영업에서 교육 시스템과 역량은 매우 중요하다.

• 신인 초기 정착단계 교육

신인 설계사(이하 신인)들은 값진 원석과도 같다. 신인들은 엄청난 가능성과 잠재력을 가지고 있다. 이들이 얼마나 성장할지는 아무도 알 수 없다. 신인을 육성하는 것은 수익을 창출하는 회사 하나를 육성하는 것과 같다. 신인은 초기에 영업 현장에서 흔히 통용되는 법칙인 'KASH의 법칙'을 체득화해야 한다. 'KASH의 법칙'에서 K는 지식(Knowledge)을, A는 태도(Attitudes)를, S는 기술(Skill)을, H는 습관(Habit)을 이르는데 설계사라면 누구나 이 기본적인 요소들을 터득해야 한다. 여기에 경험과 감각 그리고 성공과 실패 사례가 쌓여 우수한 보험설계사가 되어가는 것이다. 양질의 교육은 그 어떤 상담이나 권유보다 신인이 스스로 자신감과 비전과 꿈을 만드는 에너지를 얻는 결정적인 요인이 된다. 신인 시절 단계에 따라 필수적으로 가르쳐야 할 교육 내용은 다음과 같다.

첫째, 판매하는 상품에 대한 종류, 내용, 특징, 그리고 그 상품의 비교우위 등을 교육한다.

둘째, 상품을 구매하는 고객별로 특징을 알아야 한다. 연고 고객, 소개 고객, 기존 고객, 신규 고객, 개인 고객, 법인 고객 등에 대해 특징과 속성 및 접근 방법과 판매 포인트 등을 숙지해야 한다.

셋째, 판매 단계별 컨설팅 화법, 즉 고객과 상품을 연결하는 컨설팅의 기본이 되는 화법 등을 교육해야 한다.

이때 가장 유념해야 하는 것은 교육자 중심이 아니라 피교육자 중심이 되어야 한다는 점이다. 많이 가르치는 것이 중요한 것이 아니라 피교육자가 수용할 수 있는지를 꼭 확인하는 것이 필요하다. 이 과정에서 교육 진도에 연연하여 지나치게 업적을 강조하다 보면 신입사원의 잠재력을 개발하고 역량별 수준을 파악할 기회를 놓치게 된다. 회사에 부담이 되겠지만 일정 기간이라도 일정한 소득을 보장하면서 성과보다는 스스로 생존할 수 있도록 교육과 훈련을 지원해주는 것이 필요해보인다. 교육보다 성과에 내몰리면 잠재력을 확인하기도 전에 포기하거나 탈락하여 궁극적으로는 더 큰 비용이 발생할 수 있기 때문이다.

• 신인 시절 극복 과제

경험이 적은 신인들은 업적에 대한 걱정과 미래에 대한 불안감이 강해 감정의 기복 속에서 하루하루를 보내게 된다. 그러므로이 시절 판매에 필요한 기본적인 지식이나 실무적인 기술은 물론정신적으로도 단단하게 무장해야 한다.

첫째, 설계사의 정체성을 확립해야 한다. 설계사는 사람이 살아가면서 절대로 필요한 인생 주기별 필요 자금을 준비시키는 인생의 재무주치의와 같다. 누구도 할 수 없는 가정의 수호천사 역할을 하는 존재라는 확신을 심어주어야 한다.

두 번째는 판매의 전제조건에 대해 숙지해야 한다. 이미 언급했지만 신인 시절 가장 유념해야 할 부분이어서 재차 강조한다. 판매는 어떤 업종이든 어차피 판매자와 구매자 사이에 미스매치가있게 마련이다. 유경험자들은 이 부분을 본능적으로, 경험적으로잘 알고 있는 데 반헤 신입사원에게는 가상 어려운 부분이다. 기존 설계사들은 이미 잘 알고 있기에 판매에 성공하거나 실패했을때에도 흥분과 좌절이 없지만 신입 설계사는 경험이 많지 않아서 쉽게 좌절하고 흥분해서 진퇴를 결정하기도 한다. 자기의 재능이나 적성까지 의심하게 되는 것이다. 누구에게나 적용되고 어쩌면 고객 관점에서 당연하기까지 한 보험 판매의 메커니즘을 숙지하게 되면 거절의 고통과 절망이 경감될 수 있다.

모든 사람은 물건을(자동차, 전자제품, 보험, 기타 상품 등) 구매하고 앞으로도 계속 구매하게 되어 있다. 다만 본능적으로 구매 과정에 가격을 낮추고 가성비를 높이려고 여기저기 알아보고 구매 시기도 미루려는 경향이 있다. 이처럼 고객과 판매자 사이에는 미스매치가 존재한다는 것을 앞에서 이미 상세히 설명한 바 있다.

내가 막 입사했을 때 우수사원이던 K설계사에게 들은 이야기이다. 입사하기 전에도 참 열심히 살아온 그녀는 우연한 기회에 보험설계사가 되어 소정의 교육을 마치고 가장 먼저 오빠를 찾아갔다고 한다. 평소 본인이 오빠를 많이 도와주었고 남매간에 사이도 좋았고 오빠가 하는 일도 잘 되고 있어서 큰 기대를 하고 열심히 상품 설명을 했다. 그런데 설명을 다 듣고 난 오빠가 이것 팔면 수당이 얼마나 나오느냐고 물으면서 수당은 주지만 가입은 못하겠다고 했단다. 그녀는 순수한 마음으로 그 상품을 오빠에게 권했던 것이지 단순히 수당 몇 푼 바라서 그 먼 곳까지 간 것이 아니었는데, 오빠가 자신을 동정하는 것 같아 너무 속상해서 돌아오는 길에 한없이 눈물이 났다고 했다. 그리고는 한동안 오빠와 연락을 끊었단다. 그 후 화해하고 지금은 VIP 고객이 됐지만 순진한 신입사원 때는 그것이 큰 상처였다고 했다.

이런 경험은 신인 시절 흔히 겪는 일이다. 이것은 사람의 선악 문제가 아니라 보험을 아느냐 모르느냐의 문제이다. 나 역시 입사 초기에 의욕이 앞서 순수한 마음에 당시 군 장교였던 형님에게 보험상품을 권한 적이 있었는데, 군인연금이 나온다며 가입을 망설여서 서운함을 느끼고 포기했다. 그런데 나중에 형님이 가입을 원할 때는 이미 혈압이 높아서 영영 가입을 못하게 되었다. 그때 내가 더 권했더라면 어땠을까? 아쉬움이 남는다.

세 번째는 지피지기면 백전백승이라는 사실을 알아야 한다. 우리는 누구와 상대할 때 상대에게 드러난 반응을 보게 되고 그것에 영향을 받게 된다. 그러나 무엇보다 고객의 반응 뒤에 숨겨진 진정한 의도를 알아야 한다. 대부분 구매자는 판매자와 구매 과정에서 일차적으로는 무관심, 귀찮음, 거부감 등과 같은 방어적인 감정을 자연스럽게 가진다. 그 과정이 지나면 이차적으로 관심과 호기심, 필요성 또는 기대감이 생긴다. 그리고 그 다음 단계에 가서야 판매자를 인정하고 고맙게 생각하며 심리적으로 항복하고 지속적인 관심을 원한다. 이런 일련의 과정이 빠른 시간에 이루어질 수도 있고 오랜 시간이 걸릴 수도 있다. 이는 구매자의 성향이나 판매자의 역량에 딸린 문제이다. 이런 심리적 과정을 미리 알면 고객의 표면적인 반응에 일희일비하지 않을 수 있다.

잘 노는 사람이 최고가 된다. 기타를 잘 가지고 노는 사람이 기타리스트가 되고, 축구공을 잘 가지고 노는 사람이 축구 선수가 되고, 게임기를 잘 가지고 노는 사람이 프로게이머가 되고, 손에서 책을 놓지 않는 학생이 공부를 잘하지 않는가? 흔히 동물의 왕이라고 하는 사자나 호랑이도 자기보다 훨씬 작은 먹잇감을 사냥할 때조차 엄청나게 준비하고 끊임없이 도전하지만 성공률은 30퍼센트가 되지 않는다고 한다. 야구에서는 3할대 타율만 유지해도 최고 수준의 타자다. 어느 경우도 성공률이 높지 않은데 신입사원 시절에는 100퍼센트의 성공을 기대하고 거절에 실망한다. 거절은 흔한 일이라는 것을 아는 게 도움이 된다.

네 번째는 투자의 의미를 바르게 알아야 한다. 최소의 비용과 최대의 이익을 내는 것이 경제학의 원리이다. 말은 맞다. 그런데 세상은 그리 만만하지 않다. 나 혼자 달리면 항상 1등을 할 수는 있다. 동네축구에서 1등 하기는 쉽지만, 뛰는 무대가 바뀌면 이야기는 달라진다. 영업의 세계는 정글과 같다. 내가 신입사원이라고 봐주지 않는다. 영업의 현장에서는 계급장 떼고 경쟁하는 것과 같다. 신입사원이라고 나이가 많다고 형편이 어렵다고 봐주는 것이 아니다.

그렇다면 시장에 막 참가한 신입사원은 어떻게 해야 성공할 수 있는가? 남들이 가지고 있지 않은 나만의 무기를 찾아야 한다. 그것은 보험설계사가 고객에게 줄 수 있는 세 가지 투자에 달려 있다. 바로 시간과 정성과 돈이다. 이 세 가지를 강점화해야 한다. 신입 설계사는 아직 고객이 적어서 상대적으로 많은 시간적 여유가 있다. 관리해야 할 고객이 적으니 시간과 정성을 쏟을 수 있다. 급여가 적으니 고객에게 쓸 수 있는 돈이 부족하겠지만 정성으로 부족을 대치해야 한다. 시간과 정성의 경쟁력으로 대결해야 한다.

그 다음이 활동 경비에 관한 문제다. 솔직히 이 부분은 어려운 부분이다. 돈을 벌려고 영업이라는 힘든 도전을 하면서 투자 이야기를 하면 거부감이 들 수도 있다. 물론 회사도 신입 설계사에게는 최소한의 활동에 필요한 지원을 해야 한다. 그나마 안심해도 되는 것은 고객이 판매자가 손해볼 정도를 요구하지는 않는다는 것이다. 자신의 능력 범주에서 정성을 다하면 된다. 상대는 이 사람이 잔재주와 잔머리를 굴리는지 아니면 솔직하게 말하고 형편껏 하는지 안다. 최소한 내 경험상 그렇다. 난 항상 솔직함이 가장 큰 무기라고 생각한다. 솔직해서 안 되면 어쩔 수 없는 일 아닌가?

샐러리맨도 직장 생활을 하기 위해 투자를 한다. 옷도 사고 관계자와 식사도 한다. 외모도 가꾸어야 한다. 경조사에도 참여한다. 이런 것들이 모두 투자다. 투자 없이 성과 없다. 기업도 투자 없이 지속 성장을 기대하기는 어렵다. 이처럼 개인도 자신의 능력 범주에서 정성을 다해 투자해야 한다. 남이 10만 원 쓸 때 내 형편에 맞게 1만 원을 쓰면 된다. 그 정성이 전달되면 고객은 고마워한다.

15년 전쯤 다른 사업을 하다가 입사한 B라는 유명한 설계사의 증언이다. 자신은 입사 때부터 소득을 3등분 해서 사용하기로 작정했다고 한다. '1/3은 저축, 1/3은 나와 가족을 위해, 1/3은 고객을 위해 써야겠다'고 계획했단다. 입사 초기 급여가 100만~200만 원일 때는 저축도 적고 쓸 돈도 적었는데, 소득이 600만 원이 되니 저축 200만 원에 고객을 위해 쓰는 돈도 200만 원, 자신과 가족을 위해 쓰는 돈도 200만 원이 됐다는 것이다. 그 당시 수원 남문시장에서는 그녀와 식사 한 번 안 한 사람은 간첩이라 할 만큼 고객들에게 후한 사람이었다. 내가 그의 증언을 들은 지 얼마 지나지 않아 그의 소득이 1천만 원을 돌파하는 것을 목격했다. 결국 그는 투자 덕에 10배의 소득을 갖게 된 것이다. 반면에 소탐대실하는 경우도 많이 봤다. 가진 것이 적다는 이유로 움켜쥐고 베풀지 않으면 있는 것마저 잃게 되는 것이 세상이다. 세상에 공짜가 없기 때문이다.

마지막으로 신입 설계사 시절에 꼭 가르쳐야 할 것은 미래의 가망 고객을 발굴하고 끊임없이 도전하면 언젠가는 성공한다는 '시간의 힘'을 믿게 하는 것이다. 지금 이루어진 판매도 갑자기 하늘에서 떨어진 것이 아니라 오래전에 알아온 사람과 유지해온 관계에서 가능하다. 결국 지속적인 고객 발굴과 확보에 매진하고 시간과의 싸움에서 승리하도록 포기하지 않는 습관을 지녀야 한다.

3. 패러다임의 대전환, 정예화

모두가 1등이 되는 사회

옛날에는 똑똑한 장남에게 집중적으로 투자해서 집안을 일으켜 세웠다. 성공한 장남의 능력으로 나머지 4~5명의 동생도 나름 살 기회를 얻었다. 서울도 초창기에는 몇 곳을 집중적으로 개발해 효과를 극대화했다. 신촌, 영등포, 강남, 청량리 등이 그런 곳들이다. 우리나라도 가난한 개발도상국 시절에는 가능성 있는 산업에 집중적으로 투자해 국가 발전을 이룩했다. 구로공단, 울산중공업단지, 마산수출자유지역, 구미전자단지 등이 모두 그런 집중개발 지역이었다. 이런 전략적 패러다임을 일등주의, 혹은 엘리트주의라고 한다. 이런 패러다임 속에서는 개별적인 삶보다는 집단의 목표가 더 중요하다. 일사불란한 체제를 유지할 수 있어야 성장에 도움을 주기 때문이다. 그래서인지 우리는 일등주의와 엘리트주의에 깊이 세뇌되었다. 초등학교 때부터 치열하게 공부해서 좋은 학교에 진학하고, 좀 더 좋은 직장에 취업하는 것이 우리의 과업이 되었다.

그러나 이제 상황이 바뀌었다. 가난한 집안에서 장남에게만 투자하면 나머지 형제들이 가만있지 않는다. 도시개발, 국가개발도 마찬가지이다. 무엇보다 우리나라는 이제 가난하지 않다. 그러므로 일등주의와 엘리트주의는 새로운 시대의 패러다임으로 진화해야 한다.

1등 한 사람만 행복하고 나머지를 모두 실패자로 만들 수는 없다. 모든 사람이 행복할 수 있는 의식으로의 전환이 시급하다. 그것은 생각만 바꾸면 간단하다. 경쟁 상대를 다른 사람이 아닌 '나' 자신으로 바꾸면 된다. 어제의 나보다 성장하면 모두가 1등이 되는 사회가 되는 것이다.

평균의 함정

우리는 종종 평균소득, 평균수명과 같은 통계처럼 평균의 함정에 빠진다. 평균이란 단어에서 모든 사람이 같은 것이라는 착시현상을 일으키는데 이것은 심각한 인식의 오류이다. 예를 들어보자. 1명의 연간소득은 1억 1천만 원이고 나머지 9명의 연간소득이 각 1천만 원이라면 통계상 10명의 연 평균소득은 얼마인가? 합이 2억 원이므로 평균소득은 2천만 원이다. 이런 경우는 어떤가? 1명의 연간소득이 5천만 원, 2명의 연간소득이 각 3천만 원, 2명의 연간소득이 각 2천 5백만 원, 4명의 연간소득이 각 1천만 원이라면 이들 10명의 연평균 소득은 얼마인가? 합이 2억 원이므로 평균소득은 2천만 원이다. 전자의 경우 1명의 뛰어난 소득이 나머지를 압도하지만 평균소득으로는 후자와 같다. 이것이 바로 평균의 함정이다.

실제로 영업 현장에서 종종 이런 일이 발생한다. 30명의 설계사가 있는 지점의 월 목표 매출액이 3천만 원이라고 가정해보자. 2명이 2천만 원의 실적을 올리고, 20명이 총 1천만 원, 나머지 8명은 실적이 없는 경우 이 지점의 목표 달성률은 100퍼센트가 되어 지점장은 자기 책임을 완수한 것이 된다. 그러나 만약 평가의 룰이 바뀌어 30명 각자가 각각 어느 정도씩 실적을 했는지가 중요한 평가의 기준이 되면, 관리자의 생각이나 일하는 방식이 달라진다. 좀 더 많은 구성원의 성공에 관심을 두게 된다. 이처럼 모두가 성공할 방법에 관심을 가져야 한다.

패러다임의 대전환

이제는 가능한 많은 사람이 성공의 열매를 나눌 수 있도록 우리의 의식구조와 제도와 행동 양식이 바뀌어야 한다. 타고난 능력의 차이가 분명한데 그것이 가능하겠느냐고 반문하겠지만 공동체의 안정을 위해서는 우리가 모두 꼭 가야 할 길이다. 나눌 파이가 적었을 때 사용했던 일등주의, 엘리트주의 패러다임을 고수한다면 우리 사회는 더 유지될 수 없다. 소수의 성공을 위해 수많은 낙오자가 만들어졌던 패러다임에서 다수가 성장하는 패러다임으로 대전환이 필요하다. 이러한 패러다임을 나는 '정예화'라고 정의한다. 이것은 모든 사람이 궁극적으로 최고가 되기 위해 개인, 팀, 조직이 단계별로 경쟁력과 가치를 끌어올려 생산성을 높이는 것이다. 이를 개인별 정예화, 팀 정예화, 점포 정예화라 하여 현장에 접목해보았다. 물론 쉽지 않다.

10명의 선수가 있다. 동기부여를 위해 쓸 수 있는 상금이 1천만 원밖에 없다면 이 적은 예산으로 모두에게 동기부여 할 방법은 1등에게 상금으로 1천만 원을 주겠다고 약속하는 것이다. 1천만 원 정도의 상금은 되어야 10명의 선수 모두가 온 힘을 다할 것이다. 이제 예산이 1억 원으로 늘었다. 예산이 늘었는데도 같은 방법으로 동기부여를 하면 어떻게 될까? 먼저, 1등을 할 수 없다고 판단한 사람부터 경쟁을 포기하고 말 것이다. 그래서 1등 3천만 원, 2등 2천만 원, 3~5등 각 1천만 원, 6~10등 각 4백만 원으로 나누어 상금을 내건다. 이렇게 하면 자신의 능력과 상황에 맞게 도전하게 된다. 도전 정신과 공동체 의식을 모두 겨냥한 분배의 패러다임이다.

어느 조직이든 우수한 소수의 엘리트와 다수의 중간층과 저능률자로 이루어져 있다. 자원을 엘리트에게 투입하면 즉각적이고 확실한 효과가 나타나는 것은 사실이다. 반대로 저능률자에게 투입하면 효과는 더디게 나타난다. 그러나 중장기적으로 실패자를 줄이고 빈부격차를 줄여 모든 사람이 성장의 희망을 품게 하는 것이 공동체를 위해 더 나은 방법이다. 오늘날 유럽 사회에서는 상위 소득자와 하위 소득자의 격차를 줄이고 중산층을 두껍게 하려고 대기업과 중소기업이 함께 노력하고 있다. 물론 단기적으로 역동성은 떨어질 수 있을지 모르나 장기적으로 공동체의 안녕과 지속 성장을 위해서는 바람직한 방향이다.

피겨스케이팅 천재 김연아 선수 한 명이 나왔다고 해서 우리나라 피겨스케이팅 수준을 세계 최고라 하지 않는다. 반면 한국 여자골프는 세계 최고의 경쟁력을 유지하고 있다. 두꺼운 선수층을 형성하고 있어 이미 골프 생태계는 1등을 하지 않아도 얼마든지 성공할 많은 기회가 만들어지고 있기 때문이다.

보험설계사 육성의 핵심은 정예화

신입사원 시절을 지나고 나면 신인 설계사는 자연스럽게 그들이 가진 잠재력에 따라 다양한 역량을 보여준다. 영업관리자와 회사는 다양한 신인 설계사들의 역량을 업그레이드하여 그들의 경쟁력을 지속해서 높이도록 격려해야 한다. 신인 설계사 본인은 자신의 꿈과 비전에 바탕을 둔 목표를 세우고 완성을 향한 끊임없는 도전으로 역량을 끌어올리도록 노력해야 한다. 이런 유기적인 노력의 총합이 바로 '정예화'이다. 모두가 1등은 할 수 없지만 모두가 좀 더 성장할 수는 있다. 정예화를 통해 보험설계사는 지속 성장을 이루며 안정적인 소득을 얻고, 성장과 소득을 통해 본인의 존재감을 확인할 수 있는 동력을 얻는다. 회사 차원에서도 정예화는 가장 안정적이고 능력 있는 조직을 확보하는 지름길이다. 마찬가지로 이를 위한 영업 문화, 제도, 교육 프로그램, 보상 시스템 등이 체계적으로 실행되어야 한다.

초능률자 육성

설계사 중에는 신인 시절을 지나고 정예화 과정을 거치면서 남다른 자질과 역량으로 탁월한 성과를 내는 스타들이 탄생하게 마련이다. 이들은 목표의식도 강하고 승리욕도 강해 일당백의 몫을 하는 귀한 존재이다. 조직의 스포트라이트를 받는 이들은 조직 문제에서도 강력한 발언권을 행사하고 때로는 조직원들의 목소리를 대변하기도 한다. 그러다 보니 조직 전체를 위한 교육을 하거나 동료들의 고충도 들어줘야 하는 등 스스로 벅찬 일을 감당하기도 한다. 때에 따라 관리자보다 경험이 많고 꿈과 역량도 많아서 관리하기 힘든 그룹이다.

반면 이들의 높은 성과 뒤에는 많은 고객의 요구가 있어 스트레스에 시달릴 수밖에 없다. 당연히 이들은 일반 설계사에 비교해 많은 에너지를 소비하게 되어 더 많은 충전이 필요하게 된다. 이 그룹을 관리하기 위해서는 다음과 같은 별도의 대책이 필요하다.

첫째, 이들만을 전담하는 본사 차원의 별도 조직이 필요하다.

둘째, 이들에게 맞는 맞춤형 교육이 필요하다.

셋째, 이들에게 발생할 수 있는 위험성을 사전에 조치하여 오래 활동할 수 있게 해주어야 한다.

지금까지 입사 후보자 때부터 어떻게 배양하고 채용하고 교육하고 우수사원으로 육성하는지에 대해 간략히 살펴보았다. 과거의 패러다임인 일등주의를 통한 전체관리가 아니라 모든 사람을 능력별로 성장하게 하는 계층별 육성 패러다임을 통해 모두가 성장해가야 한다. 행복은 평균이 아니고 개별적이기 때문이다.

4. NVP와 NDP 그리고 표준 활동

NVP (New VIP Project)

사실 우리나라의 보험산업은 그간 넘치는 보험설계사 덕분에 생산성보다는 조직의 숫자를 늘려 영업을 해왔다고 해도 과언이 아니다. 영업의 성과를 좌우하는 3요소, 즉 조직의 수, 개인의 생산성, 활동 시간의 업그레이드는 모두 사람이 하는 일이라 기계적인 향상은 어렵다. 그중에서도 개인의 생산성과 각 조직 단위의 생산성을 끌어올리는 것이 어쩌면 가장 어려운 작업인지도 모르겠다. 나는 장기간에 걸쳐 목표를 분명히 하고 올바른 방향으로 지속적인 도전을 하는 길 외의 다른 방법을 아직 발견하지 못했다. 영업관리자 시절 나도 보험설계사의 수를 늘리거나 그들이 일하는 시간을 늘리도록 독려했지만 개별적인 생산성을 올리는 일에는 그다지 큰 관심을 두지 못했다.

그런 내가 생산성 향상에 관심을 두게 된 것은 영업관리자로 24년을 근무하고 나서 소위 VIP 고객이라 칭하는 우량 고객의 힘과 중요성을 인식한 후부터였다. 그때 생산성을 업그레이드하기 위해서는 설계사의 경쟁력 못지않게 우량 고객이 중요하다는 것을 깨닫게 되었다. 이때부터 NVP라 명명한 우량 고객 발굴과 관리

프로그램을 실행했다.

이는 VIP 고객을 보험설계사에게만 맡길 것이 아니라 영업관리자와 회사가 함께 발굴하고 육성하고 관리하는 일이다. 이를 통해 지속적인 생산성 향상을 위한 방법으로 다음과 같은 방법을 제안한다.

첫째, 우수사원의 도입과 기존 사원의 영업 경쟁력을 지속해서 업그레이드한다.

둘째, 생산성에 결정적인 영향을 미치는 우량 고객을 발굴하고, 기존 고객을 우량 고객으로 전환하여 회사 차원에서 VIP 고객을 관리한다.

셋째, 경쟁력 있는 상품을 제공한다.

넷째, 생산성 향상에 지속적인 관심을 두도록 평가와 보상체계 그리고 영업 문화를 개선한다.

NDP

일하는 시간을 효율적으로 사용하는 방법에 대해서는 잠재력과 시간 관리에서 상세하게 설명했다. 시간의 총량을 늘릴 수는 없지만 자신의 시간을 효율적으로 지배하는 것은 얼마든지 가능하기 때문에 내가 오랜 기간 활용한 일정표 관리가 나의 직장 생활, 아니 내 인생을 바꾼 가장 중요한 도구였다는 것도 이미 밝혔다.

작은 배를 하나 만들 때도 그때 그때의 기분이나 경험으로 만들지 않는다. 아무리 큰 배라고 해도 작은 조각들을 연결한 설계도 가 정교하면 얼마든지 만들 수 있다. 판매 활동이 주 업무인 보험 설계사나 설계사들을 채용하고 교육하고 관리하여 성과를 창출해 야 하는 영업관리자에게 가장 중요한 도구는 일정표이다. 영업 활 동을 하는 보험설계사에게는 업무가 정해져 있지 않다. 점포에 물 건을 진열하고 손님을 기다리는 매장 관리자도 아니고, 출근하면 오늘 끝내야 하는 일이 기다리고 있는 사무직도 아니기 때문이다. 그러므로 설계사가 목표와 연동된 하루하루의 일을 스스로 계획 하고 실행해야 한다. 그렇다고 고객이 반기는 일도 아니기에 그때 그때 기분이나 감정에 즉흥적으로 대응한다면 얼마 못가 할 일이 없어져 성과도 기대할 수 없게 된다.

보험설계사와 영업관리자나 상위 기관 영업 간부들 모두에게 계획적이고 체계적인 일정 관리는 영업 메커니즘 활성화의 핵심 이다. 일정표에는 방문 고객, 목표, 회의, 면담, 교육, 행사 등 모 든 것이 촘촘히 짜여 있어야 한다. 그러한 일정들은 서로 연관성 을 가지고 세밀하게 짜야 한다. 일정표를 믿고 그에 따라 활동만 하면 되는 것이다. 설령 수립된 일정표대로 일이 진행되지 않는다 해도 실망하거나 포기할 필요가 없다. 어쩌면 그것은 당연한 일 이다. 일정표를 세우는 과정 자체가 지난 시간을 돌아보고, 잘못 된 것을 수정·보완·유지하고, 더 나은 미래를 위한 목표를 세우 고, 목표를 달성할 수 있는 전략과 전술을 세우고, 일의 우선순위를 정하는 일련의 과정이기 때문이다. 이것만으로도 눈에 보이지 않는 일의 양과 질을 개선하는 효과가 나타난다. 그래서 누군가 나에게 직장 생활을 성공적으로 할 수 있는 가장 효과적인 도구를 추천하라고 한다면 나는 주저 없이 NDP를 꼽을 것이다.

표준 활동

우리나라 보험설계사들의 일상은 출근하여 일상교육과 활동 준비를 하고, 활동 에너지를 충전하여 고객을 방문한 후 일과를 마무리하는 시스템으로 운영되고 있다. 용어는 회사마다 약간 다를 수 있겠으나 이를 표준 활동이라고 한다. 말 그대로 성과 창출을 위한 표준이 되는 활동이란 뜻이다. 지금이야 모바일이나 태블릿 PC의 활용으로 공간개념이 많이 바뀌고 있지만 이와 같은 표준 활동은 지금까지 보험 영업 메커니즘의 근간이 되었다.

이런 표준 활동은 어떠한 경우에라도 지켜지는 것이 좋다. 설계사들은 실적에 대한 부담과 실패에서 오는 어려움으로 포기하고 싶은 유혹을 느끼고 한계에 봉착할 때가 있기 때문에 표준 활동은 보험설계사를 위한 안전장치이다. 또한 원하는 성과를 얻는 데 필요한 기본적인 프로세스이다. 최고의 성과를 내는 우수사원들은 대부분 이 표준 활동을 게을리하지 않는다는 것은 두말할 필요가 없다.

표준 활동에 충실하여 성공한 설계사 한 분을 소개하겠다. 그녀는 은행에서 근무하다가 A지점장의 권유로 보험회사에 입사해 빛나는 성과로 오랫동안 전국 여왕을 하고 명예 임원에까지 올랐다. 그분이 주로 활동하는 새벽 시장은 밤 9시경 시작되는데, 남대문·동대문시장에 밤 10시경에 나가서 활동하시다가 새벽 2~3시에 마무리하신다. 다시 아침에 지점에 출근하고 하루 일정을 소화한 뒤 오후 4~5시에 귀점하는 표준 활동을 입사 이래 지금까지 실천하고 있다. 표준 활동이 그녀 성공의 밑거름이었다.

5. 평가

평가의 중요성

학창시절 몇 번의 좋은 성적으로 그 사람의 인생이 성공적이라고 평가할 수 있을까? 좋은 학교에 입학했거나 좋은 회사에 취업했다는 이유만으로 그 사람을 온전히 평가할 수 있을까? 이런 경우는 어떤가? 평생 힘겨운 시절을 보내면서 본인은 물론 가족까지 고통스럽게 했는데도 말년의 업적으로 후대에 이름을 남긴 사람을 어떻게 평가해야 하는가? 우리는 태어나면서부터 평가를 받기 시작해서 평생 평가에서 벗어나지 못한다. 그러나 평가에는 꼭 보상이 따르기 때문에 좋은 평가를 위해 노력하면서 산다. 당연하게도 좋은 평가는 힘이 되고 나쁜 평가는 우리를 의기소침하게 한다. 조직원에게 평가는 더욱 중요하다. 평가를 통해 승진과 급여라는 보상이 주어진다. 그러므로 조직을 움직이고 조직원의 에너지를 끌어내는 가장 효율적인 방법인 인사는 객관적이고 공정한 평가를 바탕으로 해야 한다.

평가에는 계량적 평가와 비계량적 평가가 있고, 단기적 평가와 장기적 평가가 있다. 당장 눈에 보이는 평가와 눈에는 보이지 않지만 중요한 평가도 있다. 조직의 미래를 위해서는 위의 평가 항목들이 종합적으로 판단되어야 하는데 대부분 관리자는 당장 실적에 입각한 평가를 하게 된다. 그러면 눈에 보이지 않지만, 장기적으로 도움이 되는 일을 소신 있게 추진하지 못한다. 그래서 리더의 철학이나 가치관이 바로 서 있어야 한다. 평가는 일관된 방향과 공정한 기준으로 단순화할 필요가 있다. 평가는 리더의 관점과 밀접한 관계가 있는데 평가의 기준이 모호할수록 조직원들은 객관적인 기준보다 상사의 코드에 맞추려고 하는 경향을 보인다. 누구도 사람을 완벽하게 평가할 수는 없다. 그래서 더욱 객관적이고 공정한 평가를 하려고 노력해야 한다.

올바른 평가

한때는 잘 나가다가 크게 실패한 사람도 보았고 높은 이익을 내고 각종 지표도 좋았던 회사가 어느 순간 부실기업이 된 경우도 많이 보았다. 이유야 여러 가지가 있겠지만 대개는 당장의 성공에 취해 앞으로 닥칠 위험요소에 대비하지 못한 것이 가장 큰 이유일 것이다. 사실 다른 사람이나 기업에 대해 말하기는 쉽지만, 자신이 그런 상황에 있다면 쉬운 일이 아니다. 하루 매출액이 기대를 초과하고 고객의 반응도 좋아 앞으로도 승승장구할 것 같은 분위기에서 앞으로 닥칠 위험요소를 대비하기란 현실적으로 어렵다.

이러한 문제를 해결하는 방법으로 미래를 반영하는 장기적 평가 시스템을 제안한다. 장기적인 위험요소를 어느 지점에서 대비하기는 어려워도 일상적인 평가 도구를 가지고 있으면 위험을 알리는 신호를 감지할 수 있다. 이런 평가 시스템을 운용하지 않다가 위험을 알게 되었을 때는 이미 늦기 때문이다. 정확하게 평가하지 못한 것의 대부분은 위험이 진행되고 있는 것을 모르는 경우이고 위험을 알리는 평가에 소홀했을 때이다. 평가에서 가장 중요한 것은 점이 아니라 선이다. 특정 시점만을 기준으로 삼는다면 왜곡이 발생하기 때문이다.

아래 그림에서와 같이 두 선이 만나는 지점은 같지만 그 선의 결과는 완전히 다르다. 그래서 과거에 비해 좋아지는지 나빠지는지에 따라 평가는 달라야 한다. 같은 성과라 해도 나빠지는 지점과 좋아하는 지점의 성과는 전혀 다르기 때문이다.

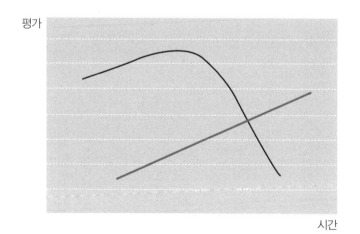

올바른 평가가 주는 에너지

리더가 업의 본질이나 업 전반에 대한 깊은 통찰력을 가지고 있어야 올바른 평가를 할 수 있다. 평가자가 내용을 완전히 파악하지 못하면 평가의 기준을 만들 수 없게 된다. 또한 조직의 방향을 바로잡지 못하고 부하직원의 업무 성과에 대한 상벌을 명확하게 할 수도 없다. 이런 리더는 결과적으로 조직에 해가 되는 일에 몰두하여 궁극적으로는 인력과 예산을 낭비하고 조직에 기회비용을 지불하게 만든다.

그동안 많은 상사와 함께 일하면서 올바른 평가가 나에게 어떻게 에너지를 주는지를 경험했다. 업의 본질을 잘 알고 통찰력을 갖춘 고수들은 굳이 말을 안 해도 긴장감과 함께 에너지를 준다. 왜냐하면 그들은 내 업무 내용을 훤히 알고 있어 나에 대해 올바른 평가를 할 것이라는 믿음이 크기 때문이다. 그러면 나는 더 좋은 평가를 받기 위해 노력하게 되었다. 반대로 업의 속성을 잘 모르거나 단기적인 실적에만 집착해서 장기적으로는 문제가 되거나 숨겨진 문제를 정확히 알지 못하는 상사의 평가는 해가 되고 그로 인해 업무 집중력도 떨어지게 되었다. 이처럼 조직을 운영하는 리더는 업에 참여한 사람을 평가하고 그 평가를 근거로 승진과 발탁 그리고 보상을 해줌으로써 조직에 역동성을 부여하고 신상필벌하기도 한다. 그러므로 리더의 올바른 평가 시스템은 조직의 힘이고 자산이고 에너지이다.

이처럼 중요한 평가가 갖추어야 할 요소에는 다음과 같은 것들이 있다.

첫째, 평가의 기준은 구성원이 공감할 수 있도록 합리적이고 투명해야 한다.

둘째, 평가는 기준에 따라 공정하고 정당해야 한다.

셋째, 평가는 단기적 평가와 장기적 평가가 균형을 이루어야 한다.

넷째, 평가에 대한 신상필벌이 공정해야 한다.

6. 효율

보이는 것과 보이지 않는 것

우리 몸 안에 있는 폐, 심장, 간, 위장 등의 장기는 평생 묵묵히 우리를 위해 일을 하고 있다. 이들은 우리의 생존을 위해 매우 중요하지만 아프지 않으면 우리의 관심을 받지 못하거나 혹사당하기 일쑤이다. 반면 눈에 보이는 얼굴이나 손발은 매일 씻고 닦고 바르기를 멈추지 않는다. 심지어는 비싼 돈을 주고 고치기도 한다. 얼굴에 화장을 못해 죽은 사람은 없다. 그런데도 사람들은 이것에 집착한다. 매스컴을 통해 접하는 안전 불감증도 대부분 당장 눈에 보이지 않는다고 소홀히 해서 발생한 것이다. 그러고 보면 눈에 보이지 않은 것들은 대부분 생사의 문제인데 사람들은 그것들을 등한시한다.

보험 영업에서도 보이지 않은 것을 소홀히 하는 것은 마찬가지이다. 효율이란 말은 영입한 신인이 얼마나 생존하느냐의 비율인 정착률과 판매한 상품이 얼마나 잘 유지되는가를 알려주는 유지율의 두 가지를 말한다. 이 두 가지는 모두 장래를 나타내는 중요한 지표이다. 그런데 사람들은 미래를 담보하는 효율보다 당장 눈에 보이는 도입량과 판매실적에 더 민감하다. 조금만 생각해보면 효율의 중요성이 얼마나 큰지 금방 알 수 있다. 조직에서 많은 인력과 정성과 시간과 비용을 투입한 신인이 조기에 탈락해버리면 그간의 투자는 무용지물이 되고, 더 큰 문제는 지속적인 도입 에너지가 감소하게 된다는 것이다. 그래서 보험 영업의 고비용 구조의 가장 큰 원인이 바로 이 정착률과 연관이 있다.

보험설계사들이 판매에 성공하기까지 많은 시간과 정성과 비용을 투입하게 되는데 만약 그 계약이 유지되지 않으면 그간의 투자 비용이 무용지물 되는 것은 물론 계약한 고객 또한 손해를 보게 되어 결국 시장을 잃는 악순환에 빠지게 된다. 그래서 유지율이 중요한 것이다. 이렇게 중요한 양질의 효율을 위해서 정착률과 유지율을 높여야 한다. 먼저 정착률을 높이기 위해서는 앞에서 설명한 NRP 시스템을 통해 생존이 가능한 사람을 도입하고 도입 후에는 철저한 육성 프로그램과 정착 노력이 필요하다. 유지율을 높이기 위해서는 충실한 판매 프로세스를 통해 판매하고 판매 후에는 설계사뿐만 아니라 회사 차원의 관리 시스템을 가동하여 완전관리가 되도록 해야 한다.

우수한 효율의 예로 전설의 J 명예부사장을 소개한다. 성실함과 열정, 남을 위해 헌신하는 인품, 탁월한 고객관리에 관한 그분의 능력을 간단히 설명할 수는 없다. 전국 여왕 10년에 비교 불가한 탁월한 성과 등은 차치하고라도 난 그분의 불가사의한 효율을 소개하고자 한다. 그분이 판매한 엄청난 실적은 3년 정도 지난 후에도 유지율이 거의 100퍼센트에 육박한다. 업계 평균 유지율이 60퍼센트인 걸 고려하면 이 수치는 거의 불가사의라고 할 정도로 만큼 놀라운 수치이다. 그뿐만 아니라 그녀의 지점에서 신인으로 시작해서 교육 훈련을 받은 사람들도 성공확률이 높다는 통계를 보고 또 한 번 놀랐다. 다시 말하면 그녀의 고객은 보험에 가입한 후 손해를 보고 해약한 사람이 거의 없다는 것이다. 이는 고객에게 손해를 끼치지 않고 보험의 진정한 혜택을 누리게 하는 완전판매와 완전한 고객관리를 한다는 증거이다. 그리고 그녀의 지점으로 입사하면 성공을 보장하는 정착관리를 통해 함께 성공하는 선순환 고리를 만들고 있었다. 이러한 효율이 오늘의 그분을 만들었다.

효율 불량의 폐해

불완전 판매나 불량품 판매 또는 불안전한 공사가 가져다주는 폐해를 살펴보자. 그럴듯한 광고와 화려한 겉모습, 고품질, 고성능이라고 해서 값비싼 제품을 사들였는데, 그 제품이 광고와 달리 불량 제품이거나 속여서 판매한 것이었다면 어떻게 하겠는가? 우선 그 회사에 배상청구를 할 것이다. 클레임에서 멈추는 고객은 거의 없다. 다시는 그 회사 물건을 쓰지 않을 것이고 주변 사람에게 그 제품에 대한 악평을 퍼뜨릴 것이다. 일반적으로 제품에 감동한 고객은 5명 정도의 사람에게 추천하고 제품에 실망하는 고객은 10명 정도의 사람에게 불평을 늘어놓는다는 통계가 있다. 이처럼 불완전 판매나 불량품, 그리고 불안전한 공사는 당장 이익이 되는 것처럼 보일 수 있지만, 눈에 보이지 않는 손해를 두고두고 유발한다. 불완전 판매는 궁극적으로는 회사가 책임지는 금전적인 손해뿐만 아니라 장기적으로 고객과 시장을 잃는 더 큰 손해를 감수하게 한다. 효율이 뒷받침되지 않는 일은 한마디로 모래 위에 성을 쌓는 것이나 다를 바 없다.

불완전 판매와 불량품 판매, 불안전 공사를 줄이는 것이 이렇게 중요함에도 왜 이런 문제가 개선되지 않는가? 여러 이유가 있겠으나 눈에 보이는 매출이나 단기 성과에 대한 욕심, 원가 부담과 공기의 확대에 대한 부담, 근원적인 내부 시스템 개선의 어려움, 마지막으로는 안전불감증과 같은 오랜 관행 때문이다.

속도와 질

오늘날 속도 경영이란 단어가 많이 거론된다. 물론 요즘처럼 변화가 빠르고 속도가 곧 경쟁력인 시대에 그 중요성을 간과할 생각은 없다. 다만 속도는 그 질이 담보되어 있을 때 의미 있는 것이지 질이 담보되지 않은 속도는 의미가 없다고 생각한다. 속도보다는 내용이 중요하고 양보다는 질이 중요하나.

그렇다고 단순히 속도나 양보다 내용과 질이 더 중요하다고 말하고 싶은 것이 아니다. 양과 속도를 높이기 위해서는 질과 내용이 담보되어 있어야 가능하다는 것을 강조하고 싶다. 보험에서 효율이 담보되지 않으면 매출은 한계에 직면하게 된다. 기반도 다지지 않고 고층 빌딩을 짓는 것과 같은 이치다.

그럼 어떻게 하면 양과 질을 동시에 개선할 수 있는가? 먼저, 매출에 앞서 내용과 질이 담보되어야 한다는 리더의 강력한 의지와 심리를 조직이 공유하고 있어야 한다. 둘째, 시작부터 끝까지 진행되는 판매 과정이 정당해야 한다. 셋째, 평가와 보상체계에서 매출이나 속도에만 치중할 것이 아니라 내용과 질에 대한 엄격한 평가도 동시에 이루어져야 한다. 넷째, 질과 내용이 뒷받침되지 않은 효율 부진에 대한 엄격한 책임 추궁이 수반되어야 한다.

나는 이상에서 언급한 내용이 현실적으로 가능하다는 것을 경험으로 알고 있다. 확실히 내용과 효율이 좋은 기관은 당장은 어려워도 회복 속도가 빨랐다. 반면 양과 속도에 치중하다가 내용과 효율이 부실한 기관은 겉은 화려해도 곧 속절없이 무너지는 것을 목격했다. 우리는 이것을 속으로 멍들었다고 한다. 이처럼 겉모습은 화려하지만 내용이나 효율이 부실하여 멍든 조직을 인수한 사람은 시작도 못해보고 전임자가 만든 부실을 떠맡아야 하는 불운을 감수해야 한다. 반면 내용과 효율이 안정화된 조직에 부임하는 사람은 계속해서 성장하는 행운을 누린다.

7. 영업관리자의 경쟁력

성장하는 영업관리자

영업관리자란 보험 영업의 핵심인 보험설계사를 채용하고 교육하고 훈련해서, 그들의 잠재력을 끌어내고 정예화를 통해 생산성 높은 사원으로 성장시키는 역할을 한다. 또한 회사의 방침과 지침에 따라 본인이 책임지는 조직의 영업 메커니즘을 운영하는 중차대한 임무를 수행하는 사람이다. 우수한 영업관리자를 보유하고 있다는 것은 곧 보험회사에 경쟁력이 있다는 뜻이다. 영업관리자 중에는 경험이 적으나 젊음과 패기가 넘치는 신입 관리자가 있고, 어느 정도 경험이 쌓인 중간 그룹이 있고, 마지막으로 경험이 많고 관록이 쌓인 선임 그룹이 있다.

영업관리자 역시 성공과 실패를 경험하며 이를 바탕으로 자신만의 이론을 정립하면서 성장해 장차 더 큰 조직을 관리할 수 있는 리더로 성장해간다. 영업관리자가 성장한다는 것은 보험설계사들의 성공을 통해 자신이 관리하는 기관을 성장시키는 것을 의미하고, 거기에 자신의 기관을 서비용 고수익의 대형점포로 키워서 궁극적으로는 양질의 점포를 늘려나가는 것을 말한다. 이로써 양질의 일자리가 늘어나고 회사의 수익을 증대한다. 이것은 고도 성장기나 수익 중심 영업을 하는 현재도 같은 메커니즘으로, 영업 관리자가 성장한다는 것은 단순히 본인의 영업 역량과 리더십의 성장만이 아니다. 양질의 DNA가 조직에 확산되어 좋은 점포는 늘리고 부진 점포에는 좋은 점포의 DNA를 배양 받아 문화를 확산하는 효과를 만든다.

신입 영업관리자 관리

신입 영업관리자는 신입 영업사원처럼 엄청난 잠재력과 가능성을 가진 다양한 인재들로 회사의 원석과도 같다. 이들 중에서 미래의 CEO나 임원, 고급관리자가 탄생하게 된다. 우리 세대는 별도의 교육을 받지 못한 상태에서 최소한의 OJT 교육만 받고 곧바로 영업관리자가 되었다. 그야말로 전선에 투입된 신병처럼 싸워가며 필요한 리더십과 기술과 역할 등을 배워나갔다. 많은 신입사원들이 도전했지만 중도에 포기하고 다른 업종으로 이직하는 현상이 자연스러울 정도였다. 적성에 안 맞거나 능력이 부족하면 아예 그 업종을 떠나기 때문에 자연스럽게 최적화된 사람만 남게 된다.

그러나 언제부터인가 취업난이 심각해지고 채용 규모도 줄어들면서 적성에 따른 중도 이직이나 탈락이 줄어들었고 시장에서 자연스럽게 검증되던 영업관리자 육성이 어려워지게 되었다. 나는 입사한 지 5년쯤 지난 결혼한 대리급이 영업관리자에 적합하다고 생각했다. 왜냐하면 보험설계사들을 관리하고 책임지기에는 업에 대해서나 사람에 대해서 알아야 할 것이 많은데, 나는 너무 일찍 영업관리자가 되어 스스로 부족함을 많이 느꼈기 때문이다.

보험설계사들에게 영업관리자는 지대한 영향을 미친다. 보험설계사들은 본인들의 성공을 위해 역량 있는 리더를 원하지만 그렇다고 전지전능한 신을 원하는 것은 아니다. 그들의 성공을 위해 헌신하는 합리적이고 보편적인 리더면 된다. 이를 위해 신입 영업관리자들이 체득해야 하는 것들은 다음과 같다.

첫째, 영업관리자의 임무를 올바르게 이해해야 한다. 나이도 다르고, 학력도 다르고, 경력도 다르고, 모든 것이 다른 보험설계사들을 교육·육성·관리하고 책임지면서 그들의 성공을 통해 맡은 기관을 운영해야 하는 어려운 보직임을 명심해야 한다.

둘째, 보험설계사들의 현실적인 애로사항과 어려움에 대해 잘 알아야 한다. 영업관리자는 대체로 보험 영업을 경험해보지 않고 그 자리를 맡는 경우가 많다. 이런 모순을 극복하기 위해서는 보험설계사와 현장을 동행하거나 진지한 대화를 통해서라도 간접경험을 충분히 쌓아야 한다.

셋째, 조직을 운영하는 데 가장 중요한 것이 예산과 인사이다. 경비는 투명하고 효율적으로 집행하고 인사는 합리적이고 공정해야 한다.

넷째, 늘 변화하는 환경에서 치열하게 영업하는 보험설계사들에게 도움이 되는 존재가 되도록 해야 한다. 온화한 성품과 합리적인 리더십을 가지고 교육 능력과 상담 능력을 업그레이드해나가야 한다.

중간 영업관리자 관리

중간 영업관리자 그룹은 조직의 핵심 인재들이다. 이들은 열심히 일했고 능력도 인정받았으며 경험도 축적되어 있어 따르는 후배들과 교감도 많은 그룹이다. 이들은 힘과 활력이 넘치고 조직에서 성공 열망도 강하다. 이들에게 가장 필요한 것은 더 큰 비전과 꿈을 제시하는 것이다. 교육과 상담보다는 미래에 대한 비전이 중요하다. 스스로 넘치는 에너지가 있고 배우려는 열망과 단점을 극복하려는 자기주도적 학습능력을 갖추고 있기 때문이다.

그래서 이들이 가장 민감하게 반응하는 부분이 공정한 룰과 결과에 대한 정당한 평가, 보상과 합당한 인사 시스템이다. 이들은 자신의 인생을 멋지게 펼쳐가고 싶은 욕망이 큰 인재들이다. 따라서 기준이 합리적이고 룰이 공정하고 보상이 정당하면 목숨을 걸고 열심히 일하는 사람들이다. 반대로 조직문화가 불합리하면 분노하고 저항하는 그룹이다. 이렇게 검증되고 활력이 넘치는 인재들에게 회사는 고급관리자로 성장할 수 있는 비전과 함께 합당한 리더십 교육을 제공해야 한다.

고참 영업관리자 관리

이 그룹은 동기나 후배들보다 승진이 좀 늦었거나 경쟁에서 다소 뒤처진 그룹이다. 이들도 한때는 패기만만한 신입사원이었고, 질풍노도처럼 질주했던 시절이 있었던 사람들이다. 지금은 직장생활의 열정이 줄어 동기나 후배들 뒤에서 일하는 경우가 많다. 이들 역시 엘리트들이지만 남들보다 좀 늦거나 기회가 덜 주어졌을 뿐이다. 대체로 조용하지만 자기 몫은 확실히 해낸다.

어느 조직이든 보직은 한정되어 있고 경쟁과 발탁과 탈락은 당연하게 일어나는 일이다. 그래서 세상을 높고 낮음의 관점으로 보면 해결이 어렵다. 높고 낮음이 아니라 책임의 크기와 업무의 가중치로 보면 각자의 역할이 보인다. 누구나 존귀한 존재들이기 때문이다. 특히 이들에게 필요한 것은 인정과 자율성을 최대한 부여해주는 것이다. 그러면 자기 역할을 충실히 해내는 귀한 자산이 된다. 조직은 슈퍼스타만으로 구성될 수 없다. 다양한 역량과 경험을 가진 구성원이 모여 만들어진 조직이 오히려 더 단단하다. 모두의 역량이 최대한 발휘되어 최대의 성과를 만들어내는 조직이 좋은 조직이고 좋은 회사라 믿는다.

8. 메커니즘 향상을 위한 영업관리자의 Tool

조회와 석회

경쟁력 있는 조회와 석회는 영업 활성화의 시작이다. 조회 참석자는 일할 사람이고 석회 참석자는 일한 사람이라는 말에 백번 공감한다. IMF 시절에 수많은 기업이 도산하는 극한의 어려움을 겪었다. 그중에도 의식주나 생활용품처럼 당장 필요한 것을 만드는 곳이 아닌 업종은 직격탄을 맞았다. 그런데 특이하게도 가장 어려울 것으로 예상한 보험업이 살아남았다. 그 이유를 분석한 보고서에는 '잘 훈련된 보험설계사들과 매일 이루어지는 조회와 석회에 있다'라고 적혀 있었다. 이처럼 어떤 불리한 조건이나 상황에서도 이겨내는 대한민국 보험의 힘은 매일 이루어지는 교육에 있다고 해도 과언이 아니다. 1980년대 말, 새로 시장에 진입한 보험사와 대리점들이 보험설계사들의 조회와 출근을 과감하게 생략했다가 실패하고 결국 다시 실시하였다.

설계사들은 조회를 통해 에너지를 충전 받고 강한 판매자로 깨어난다. 매일 이루어지는 조회는 활동 의욕을 고취하는 시간, 상품을 공부하는 시간, 다양한 판매 기술을 전수하는 시간, 성공 경험을 공유하는 시간이다. 이 시간을 통해 각종 제도나 공지사항이

전달되기도 한다. 필요하다면 시간을 나누어서 그룹별로 운영하는 것도 유용하다. 첫 타임은 모두가 참여하는 공통 조회로 하고, 2부 조회는 신인이나 기타 특화된 조직을 대상으로 운영한다. 영업관리자에게 조회는 절대적으로 중요한 일과이기에 철저한 준비를 통해 경쟁력 있는 교육이 되게 해야 한다. 설계사는 조회를 통해 주부에서 프로 영업인으로 바뀐다고 생각한다. 그래서 지점장 시절 나는 조회를 준비하고 운영하는 데 온 힘을 쏟았다. 매일 간단한 팀장 회의 후 공통 조회를 하고, 이후 2부 특별 조회로 아침 시간을 알차게 보냈던 기억이 생생하다.

석회란 매일 하루의 일과를 마치고 지점에 돌아와 그날의 활동을 점검하고 내일을 준비하는 회합을 말한다. 일반적으로 석회는 1:1 코치로 이루어지는 경우가 많다. 지점장 시절 설계사 중에 조회는 참석하되 현장 활동 후 다시 지점으로 돌아오는 시간이 오래 걸리니 바로 퇴근할 수 있도록 해달라는 요청이 있어 허락한 때가 있었다. 그런데 시간 낭비라고 해서 바로 퇴근한 설계사와 지점에 돌아와 석회를 마무리한 설계사를 비교했더니 석회에 참여하지 않은 설계사들은 100퍼센트 탈락으로 이어지는 것을 경험했다. 보험 판매 활동은 매일매일 거절이라는 스트레스와 동행하는 일이기에 어지간한 정신력으로 무장되지 않는 한 스스로 극복하기 어렵다. 그러므로 영업관리자의 경쟁력 중 하나는 설계사가 스스로 참여하고 싶은 조회와 석회를 운영하는 것이다. 그래야 설계사는 이 시간을 낭비라 생각하지 않고 충전의 시간이라 여길 것이다.

선순환 지표 영업

한 달 동안 지점에서는 많은 일이 이루어진다. 그래서 지점의 영업 메커니즘이 효과적으로 작동되기 위해서는 일의 우선순위를 정하는 것이 매우 중요하다.

그중 첫 번째가 선순환 지표 영업 시스템이다. 같은 실적을 달성해도 월초에 빨리 달성한 사람은 하루하루가 행복하고, 월말이 되어서야 달성한 사람은 그날까지 스트레스에 시달려야 한다. 한 달간 지점에서 해야 할 업무는 목표관리, 실적 체크, 신인 채용, 교육과 행사 그리고 보유고객 관리 등 숨 돌릴 틈 없이 돌아간다. 그중에서도 설계사들에게 가장 큰 스트레스는 실적일 수밖에 없다. 당월 실적을 달성하지 못하면 아무리 우수한 사원도 심리적 불안정에 빠지게 된다. 그래서 중요한 일부터 처리하는 전략적 업무 배분이 필요하다.

보험설계사들에게 가장 중요한 일은 실적이다. 무엇보다 먼저 실적을 달성해야 한다. 월초에 실적을 달성하고 나면 남은 2~3주에는 덜 급하지만 중요한 신규채용, 미래를 위한 활동, 교육, 고객관리 등을 여유 있게 할 수 있다. 아래 그림과 같이 월초에 당월 실적을 높이고 남은 시간에는 미래를 위해 꼭 필요한 업무와 한

달 지표를 마무리해야 한다. 그래야 다음 달을 준비하면서 설계사들의 심리적 안정을 높이고 오래 활동할 수 있게 되는 것이다. 이것이 업무 우선순위의 중요성이다. 아래 두 도형은 형태는 다르지만 면적은 같다. 즉 월초에 일을 더하든 월말에 일을 더하든 일의 총량은 같다.

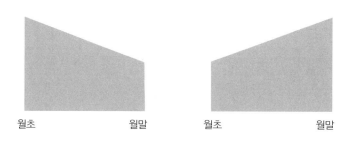

목표관리와 회의의 효율성

보험설계사든, 일반 직장인이든, 개인 사업자든 누구에게나 목표는 중요하다. 목표의 중요성을 모르는 사람이 없을 텐데 이렇게 반복하는 이유는 귀에 딱지가 앉을 정도로 들어도 실행이 어렵기 때문이다. 대부분 사람들이 목표를 실행하지 못하는 이유는 장기 목표라면서 너무 멀게 잡거나 너무 크고 거창하게 목표를 세우는 경우가 많아서 그렇다. 하루가 모여 일주일이 되고 4주가 모여 한 달이 되고 열두 달이 모여 일 년이 되는 것처럼, 오늘 하루의 목표를 달성해야 일주일의 목표를 달성할 수 있다. 다만 인생 목표나 연간 목표처럼 장기적인 목표가 없으면 하루의 목표와 일주일의 목표가 제각기 따로 가기도 한다. 마치 나침반 없이 망망대해를 항해하는 것과 유사하다. 목표는 유기적으로 일생, 일 년, 한 달, 한 주, 하루가 서로 연계되는 것이 중요하다.

목표를 달성하면 당연히 기쁘다. 그러나 실패에도 의미가 있다. 실패의 원인을 분석하고 수정 목표를 세우면서 많은 부분을 알 기회가 되기 때문이다. 실패하면 목표는 다시 세워야 한다. 목표 달성을 위해서는 먼저 자신의 노력과 의지가 필요하다. 자신을 지지해주는 사람이나 강력한 동기부여가 있다면 훨씬 수월하다. 영업관리자의 중요한 역할 가운데 하나가 바로 이 목표관리 업무이다. 목표관리의 핵심은 조직의 목표와 개인의 목표를 설정하고 서로의 목표에 대한 공감대를 공유하는 데 있다. 목표에 대한 공감대가 형성되면 목표 달성 방법도 함께 찾아낼 수 있다. 함께 실행하고 피드백하는 과정을 통해 개인은 강력한 조직의 힘을 경험할 수 있다. 이때 목표관리를 원활하게 하려면 판촉과 성과보상이 도움이 된다. 한편 목표관리를 한다는 명목으로 잦은 회의를 여는 것은 지양할 필요가 있다.

나도 경험한 바이지만 같은 내용으로 이중 삼중 반복되는 회의와 보고가 너무 많다. 지금처럼 정보통신기술이 발달한 시대에는 얼마든지 편리하게 소통할 수 있고 자료로 대신할 수 있는 것도 많다. 회의가 오랜 습관과 관행이 아닌지 점검해보고 성과와 무관한 회의는 과감히 축소해서 본연의 업무에 집중할 수 있도록 해야 한다.

판촉

판촉은 설계사는 물론 영업관리자를 독려하는 중요한 수단이다. 성과에 대한 보상은 나중에 한꺼번에 정산해서 주면 된다. 그런데 왜 모든 보험회사와 조직 단위에서 굳이 한 달, 한 주 단위로 프로모션을 전개하여 현금을 비롯한 물품을 경쟁적으로 제공하는가? 그만큼 보험상품 판매가 어렵고 영업조직을 지속적으로 활력 있게 움직이게 하는 일이 어렵다는 증거이다. 영업 현장에서 이루어지는 다양한 프로모션은 회사의 주요한 수단이다. 이를 통해 보험설계사들과 영업관리자들은 인정과 보상을 받고 강력한 동기부여를 갖게 되는 것이다. 따라서 영업조직을 독려할 수 있는 프로모션을 적절히 배분하여 전략적으로 사용해야 한다.

일반적으로 판촉에는 3가지 종류가 있다. 흥미로운 것은 보험설계사들이나 영업관리자가 가장 선호하는 판촉은 현금으로 조사되었다. 그러나 성과는 가장 낮다. 그 이유가 궁금하지 않은가? 왜 모두가 원하는 현금을 프로모션으로 제시했는데 성과는 비례하지 않을까? 당월 실적 100만 원을 달성하면 다음 세 가지의 프로모션을 선택하게 했다. ① 현금 50만 원 지급 ② 현금 50만 원이나 쉽게 구하기 어려운 50만 원 상당 물건 중 선택 ③ 현금 50만 원이나 50만 원 상당의 제주도 또는 해외여행 티켓.

이렇게 같은 비용의 프로모션을 제시하여 선호도를 조사했더니 ①, ②, ③ 순이었는데 성과는 ③, ②, ①의 순서였다.

처음에는 이해가 안 되었는데 곰곰이 생각하자 당연한 일이었다. 프로모션에 투입된 돈이 모두 50만 원으로 동일한 것 같으나 실제 투입되는 비용은 그렇지 않다. 현금 50만 원은 50만 원으로 끝난다. ②를 선택할 경우는 물건 값은 50만 원이지만 좋은 물건을 고르고 운반하는 전 과정의 정성과 고민 등의 비용이 추가된다. ③의 경우는 더 많은 추가비용이 발생한다. 초대 경비 50만 원은 물론 시간과 행사를 기획하고 준비하는 수고까지 투입되어야 하므로 실제 비용은 50만 원을 훨씬 웃돌게 되는 것이다. 따라서 투입된 비용 대비로 따지자면 성과의 차이가 ③, ②, ①인 것이 맞다. 따라서 이런 면을 고려해서 적절하게 프로모션을 구사하면 성과창출을 위한 중요한 도구가 된다.

에너지 제공

영업 활성화를 위해 영업관리자가 해야 할 또 다른 주요 업무는 설계사들이 판매 활동을 잘 할 수 있도록 에너지를 공급하는 일이다. 보험 판매는 전속이든 비전속이든 영업 채널과 상관없이 판매자가 구매자를 대면해서 이루어진다. 흔히들 자동차보험처럼 온라인으로 판매하면 더 효율적이지 않으냐고 질문한다. 자동차보험은 의무적으로 가입해야 하는 상품이 되어 이미 자발적 구매로 이동되었다. 하지만 생명보험은 의무적으로 가입해야 하는 상품이 아니다. 그래서 판매자, 즉 보험설계사가 구매자에게 상품을 설명하고 구매 권유를 하는 과정이 필요하다. 그렇다고 일반적인 매장처럼 진열된 물건을 구매하기 위해 고객이 방문하는 상품도 아니다. 그러므로 판매자는 고객이 있는 곳으로 직접 다가가야 한다.

'설계사가 어떻게 고객을 만나게 할 것인가?' '어떤 고객을 발굴할 것인가?' '설계사의 활동력이 떨어지지 않도록 어떻게 충전해 줄 것인가?' 하는 문제는 보험 영업관리자의 영원한 숙제이자 고민이다. 아마도 영업사원을 관리하는 영업관리자의 역량이 보험만큼 중요한 업종도 드물 것이다. 보험설계사를 움직이게 하는 에너지는 소득, 비전, 꿈, 목표와 같은 것이다. 그러한 동력은 설계사 스스로 가지고 있을 수도 있지만, 영업관리자의 목표관리, 교육, 상담 등을 통해 충전될 수 있다. 또 회사에서 제공하는 다양한 제도나 프로모션, 보상 시스템으로도 만들어진다. 영업관리자는 개인별 동력을 수시로 점검하고 또 점검해야 한다. 이런 에너지는 쉽게 방전되는 특징이 있어서 날마다 새롭게 무장을 해야 한다. 마치 매일 충전하는 스마트폰이나 연료를 주입해야 움직이는 자동차처럼 말이다. 영업이란 무에서 유를 창조하는 일이다. 기존 고객이나 신규 고객을 통해 지속해서 새로운 판매가 이루어져야 소득이 발생한다. 보험설계사들의 지속적인 판매 활동을 가능하게 하는 것이 바로 영업관리자의 임무다.

9. 고객과 반복의 길

보험 고객의 특징

보험의 처음과 끝은 사람이다. 보험상품 자체가 사람의 미래에 발생할 위험에 대비해 선제적으로 대응한 상품이고, 보험을 판매하는 것도 보험설계사인 사람을 통해서 이루어진다. 그 보험설계사를 지원하는 사람이 영업관리자로서, 그들은 서로 파트너이기도 하다. 또한 보험상품의 구성도 계약자와 피보험자와 수익자로 이루어져 있다. 그러므로 사람으로 귀결되는 보험은 사람에 관한 연구가 중요하다.

우리가 관심 가져야 하는 것은 우리나라 사람들이 원하는 것이 무엇인가 하는 것이다. 학교에서 배운 한국인은 동방의 조용한 나라에 사는 평화를 사랑하는 민족, 배달의 민족, 단일 민족으로 은근과 끈기를 가졌다고 했다. 그러나 비즈니스 현장에서 경험한 한국 사람은 다혈질에 빠르고 화끈했다. 또 한국인은 머리가 좋고 유행에 민감하다. 학연, 지연, 혈연 등의 동류의식이 강하고 감정적이어서 정이 많고 따뜻하다. 천 냥 빚도 말 한마디로 갚는다고 할 만큼 이성보다 감성적이며 금세 잊어버리는 특징도 있다.

이러한 점은 영업 활동하는 데 결정적으로 중요한 요소이다. 한국 사람과 비즈니스 할 때 합리적이거나 계산적으로 접근하는 방식은 성공확률이 매우 낮다. 대부분은 감성적인 인간관계를 중시하고 그런 관계가 쌓여 신뢰가 생길 때 비즈니스도 쉬워진다. 이런 특징들로 말미암아 우리의 고객은 비교적 남을 돕는 마음이 크고 무던한 성격에 건실하고 알찬 사람이 많다. 타고난 성실성으로 인해 현금 흐름이 좋은 편이고 오랜 세월 보험료를 꾸준히 납부한다. 이와 같이 한국인의 보편적인 정서를 충분히 이해하고 고객의 특징을 파악하면 더 나은 보험인으로 성장할 수 있을 것이다.

성공한 사람의 특징과 통과의례

보험 영업으로 성공한 사람들은 특징이 있다. 대부분 단순하고 순진하고 긍정적인 성격의 소유자들이다. 그들은 자신이 집중하는 분야 외에는 관심도, 아는 것도 별로 없었다. 매우 단순한 성향으로 비춰진다. 그들의 그런 자질이 재미없고 지루한 일을 반복적으로 해내도록 하여 결국 성공의 바탕이 되었을 것이다. 반대로 실패한 사람은 무슨 일이든지 복잡하게 생각하고 매사에 부정적이고 의심이 많다.

어떤 분야든지 먼저 시작하여 어느 정도 경지에 오른 사람이 있기 마련이다. 경지에 오른 사람들은 대가 없이 그곳에 오른 것이 아니다. 늦게 출발한 사람은 먼저 출발하여 경지에 오른 사람이 부러워 뛰어넘고 싶어 한다. 그런 욕심이 성장의 에너지가 되고 강력한 추진력이 될 수 있다. 그러나 후발주자가 아무리 욕심이 크고 목표가 거창해도 먼저 경지에 오른 사람을 쉽게 극복할 수는 없다. 감당해야 할 장애물도 있기 마련이다. 우선 선점의 특혜를 누린 선발주자에 비해 후발주자들은 더 치열한 경쟁을 치러야 한다. 선발주자들이라고 노력 없이 쉽게 성취한 것이 아니다. 후발주자에게는 선발주자가 노력해서 얻은 경험과 비법을 습득할 기회가 있다. 모방을 통해 시간과 비용을 단축할 수 있는 장점이 있는 것이다. 그렇다 해도 경지에 오르기 위해서는 자신만의 특별한 경험과 비법이 있어야 한다. 이 글이 선발주자의 경험과 비법으로써 후발주자인 독자들에게 조금이나마 도움이 되길 바란다.

우리 눈에는 성공한 사람만 보이지 그들이 어떻게 그곳에 올랐는지 과정은 보이지 않는다. 올림픽 메달리스트들의 화려한 플레이에 열광하면서 그들의 혹독한 훈련 과정에는 관심이 없지 않은가. 에디슨은 전구를 만들기 위해 만 번이 넘는 실패를 겪어야 했다. 이처럼 모든 성공 뒤에는 수많은 반복과 도전과 실패가 숨겨져 있다는 점을 알아야 한다.

반복과 끈기

우리가 누군가를 모방하여 효율적으로 일한다 해도 치러야 할 대가는 당연히 치러야 한다는 것을 재차 강조하고 싶다. 누구나 쉬운 과정을 거쳐 결과를 얻고 싶고 경지에 오르고 싶어 한다. 물론 효율적인 프로세스는 있다. 지금까지 내가 장황하게 설명하고 반복해서 말해온 공식과 교육과 훈련이 그것이다. 그러나 이것들이 아무리 효율적인 방법이라고 해도 단번에 경지에 오를 수는 없다. 누구나 재미없고 지루한 일을 반복적으로 훈련한 후에야 비로소 숙련된다. 고통을 감내하면서 도전하고 또 도전하는 사람만이 결과가 주는 만족감과 희열을 누릴 수 있다. 남들이 포기할 때 다시 힘을 내고, 남들이 지루하다고 돌아설 때 한발 더 나아가는 것이다. 목표가 있고 꿈이 있는 사람은 반복하고 또 반복하는 지루한 과정에서 즐거움을 느낀다. 그런 사람이 비로소 최고의 고수가 된다.

업종에 따라서 필요한 자질이 다를 수 있다. 내가 31년 영업 현장을 통해 얻은 영업 분야의 자질을 꼽으라면 가장 먼저 끈기라고 말하고 싶다. 실패에도 오뚝이처럼 일어서서 반복되는 훈련을 끊임없이 계속하는 프로 선수들처럼, 보험 영업도 그런 사람에게 빛나는 내일을 선사한다. 수많은 분야에서 어제보다 나은 자신을 위해 노력하고 있는 사람들 모두를 진심으로 응원한다.

286

리셋, 미래를 위한 도전과 준비

무식이 용감이란 말이 맞나보다. 평생 글을 많이 읽은 것도 아니고 글 쓰는 것이 익숙한 분야에서 일한 것도 아니고 직장 생활 내내 현장에서 주로 영업관리자 역할을 해왔고 참모 경험도 없는 주제에 선뜻 글을 쓰겠다는 용기를 내어 덤벼들었다. 처음에는 30년을 돌아보며 성찰하는 시간을 갖는 것이 좋겠다고 여겼고 글로 표현했다. 그러나 막상 글을 써보면서는 부끄러움이 컸고 멈추고 싶은 마음이 줄곧 떠나지 않았다. 그럼에도 지난 30여 년을 되돌아보며 나의 삶을 정리해보는 이 시간이 유익하고 소중했다는 생각이 든다. 회사를 나온 지 얼마 지나지 않은 시간이지만 내 마음속의 시간은 참으로 긴 여정을 보내고 있는 것 같다. 어쩌면 이미 은퇴를 경험한 선배들이 거쳐가며 느꼈을 것이고 후배들이 앞으로 거쳐야 할 일인지도 모르겠다. 나는 '미래는 준비하는 사람의 것'이란 믿음을 가지고 있다. 사소한 일이라도 평소 준비하고 대비했을 경우, 벌어진 일에 대처하는 것보다 훨씬 더 큰 보상을 받는다는 경험을 해왔기 때문이다.

| 떠난 후에 |

　우리가 살아가면서 만나는 많은 일들 중 충분히 예상하고 정해진 일을 만나는 것과 예고 없이 갑작스럽게 다가오는 일은 충격 자체가 다른 것 같다. 고3 때 아버지의 사망이 너무나 갑작스러워서 충격이 말할 수 없이 컸었는데, 퇴임 통보 역시 그랬다. 예상치 못했던 퇴임 통보를 들었을 때 잠시 마음이 요동치며 평정심을 잃을 뻔했다. 대기업 임원을 임시 직원이라 하는 말이 있듯이, 언젠가는 닥칠 일이라 생각하곤 했지만 막상 닥치니 마음이 자연스럽지 않았다. 그러나 곧 마음을 가다듬고 묵묵히 일어난 사실에 대해 받아들이며 의연하려 애썼다. 이 글을 쓰는 동안 그간의 심정은 복잡하기 그지 없었다고 말하는 것이 솔직한 표현일 것이다. 겉으로 태연하고 아무일 없는 듯이 행동하고 입으론 "오래 다녔다. 감사한 일이다. 운이 좋았다." 했지만 나의 내면은 익숙지 않은 상황에 하루에도 몇 번씩 요동을 쳤는지 모른다.

| 익숙한 것들과의 결별 |

내 기억에는 초등학교 입학 이후로 늘 어디엔가 소속되어 있었다. 그렇게 50년간 어디엔가 소속되어 살아왔고 그 조직이 원하는 목표와 기준과 룰을 따르기만 하면 칭찬받고 모범생 대우를 받을 수 있었다. 소속감에 익숙했던 내가 막상 퇴임하고 나니 세상에 태어나서 처음으로 무소속이 된 기분이다.

어떤 의미에서는 지금까지 익숙했던 것들과 결별하는 것이다. 이제는 모든 것을 혼자 해야 한다. 모든 것이 낯설다. 늘 이런 시간을 예상하고 각오하고 나름대로 준비해왔다고 생각했지만 막상 닥치니 세세한 부분에서 익숙하지 않은 일이 발생하곤 한다. 오랫동안 알고 지내온 사람에게 나의 근황을 알리는 것도 어색하고 처음 만나는 사람에게 명함이 없는 나를 소개하는 것도 낯설다. 달리는 기차에서 뛰어내린 것처럼 나는 그대로인데 갑자기 다른 내가 되어버린 것 같다. 한편 나보다 먼저 회사를 떠난 선배나 동료, 후배들이 이런 심정을 가지고 떠났겠다 생각하니 좀 더 살뜰이 챙기지 못했다는 아쉬움이 든다.

| 리셋 |

회사를 나오니 모든 것이 리셋되는 기분이다.

첫째, 관계가 리셋된다. 회사 내에서 직위와 직책에 기반한 관계는 당연히 달라진다. 가까운 사람과 소원해지고 소원했던 사람과 새로운 관계가 형성되기도 한다.

둘째, 돈에 대한 개념이 리셋된다. 늘 회사와 관련해서 사람을 만나고 행사에 참여하고 관계를 이어가면서 대부분 경비를 지원받으며 일했는데 이제는 순수하게 회사와 관계없이 내가 지불해야 할 것이 전부이다.

셋째, 시간이 리셋된다. 늘 일어나면 회사에 가고 회사의 일정에 따라 행동하고 퇴근 후나 주말에도 거의 회사와 관련해서 시간을 보냈으나 지금은 철저하게 나와 관련해서 일정을 소화하게 된다.

넷째, 가족관계가 리셋된다. 그동안 함께할 시간이 부족했던 가족이 이제는 가장 가깝고 함께하는 시간이 많아지는 관계로 다가왔다. 내가 올인했던 회사보다 상실의 시기를 보내는 내게 위로와 안정을 가져다주는 가족의 힘이 이렇게 클 줄은 몰랐다.

마지막으로 에너지가 리셋된다. 그간 나를 움직였던 여러 가지의 에너지들이 일시적으로 정지되고 새로운 에너지로 전환되어 생겨난다.

| 은퇴의 필요조건 |

은퇴는 끝이 아니라 새로운 출발을 위한 변곡점이라는 생각이 든다. 현직에 있을 때 누구나 미래를 고민하고 나름대로 준비한다. 사람마다 다르겠지만 은퇴 후 새로운 출발의 시점에서 나에게는 다음과 같은 것들이 필요하다는 생각이 든다.

첫째, 재정적 안정이다. 재정관리에서 상세히 설명했듯이 금액의 크고 작음의 문제가 아니라 형편에 맞게 구체적이고 실체적인 재정의 준비는 필수적이다. 가정과 자신의 최소한의 존엄성이 손상되지 않을 만큼의 현금 흐름이 필요하다.

둘째, 건강의 중요성이다. 50대가 넘어서면 여기저기 몸에 문제가 발생한다. 그동안 과도한 업무에 따른 스트레스와 잦은 회식에 따른 음주와 흡연 등으로 몸을 무리하게 사용한 후유증 등이 발생하는 경우가 많다. 미리미리 운동과 식이요법과 건강검진 등으로 건강을 관리해야 한다. 건강을 잃으면 모든 것이 소용없는 일 아닌가?

셋째, 시간관리가 중요하다. 사람에 따라 시간관리는 다를 것이다. 마음 가는 대로 그때 그때 필요에 따라 시간을 쓰는 것이 편한 사람도 있고 나처럼 규칙적인 루틴에 따라 시간을 보내는 것이 편한 사람도 있을 것이다. 그러나 온전히 자유시간이 주어지는 무소속의 경우 자신의 리듬에 맞게 시간을 잘 관리할 필요가 있다.

넷째, 관계의 중요성이다. 사람은 관계를 맺으며 살아가는 사회적 동물이다. 여기서 유념할 것은 인간관계도 Give and Take 원리가 그대로 적용된다는 것이다. 먼저 다가가고 베풀려는 마음 없이 누군가가 불러주고 대접만 받으려는 사람을 만나고 싶어 하는 사람은 없기 때문이다.

| 미래를 위한 도전과 준비 |

인간은 어떤 경우에도 꿈과 비전을 가지고 행복을 추구하며 살아갈 수 있는 에너지를 갖고 있다. 나 역시 자연스럽게 생각이 정리되고 미래에 대한 기대와 설레임과 새로운 에너지가 생기는 것을 느낀다. 앞으로 나에게 어떤 일이 일어날지 알 수 없지만 그런 때를 기대하면서 준비하고 역량을 축적하는 시간을 보내겠다는 생각으로 하루하루를 지내고 있다. 이제 새로운 미래를 준비하는 이 순간, 내가 정리한 몇 가지 원칙이 있다.

첫째, 오랜만에 주어지는 안식년이다. 지금까지 시간을 되돌아보고 정리하여 행복한 삶을 위한 에너지로 재충전하는 기간이다.

둘째, 당장 할 수 있는 일부터 구별하여 실천해보자. 생각해보면 할 수 있는 일이 너무나 많다. 익숙하지 않은 컴퓨터를 더 익히는 기회를 가질 수도 있고, 일에 쫓겨 미루어두었던 책도 읽고, 그간 방치했던 건강 관리도 챙겨볼 좋은 기회이고, 시간에 쫓겨 소홀히 했던 소중한 사람들과 관계를 회복하는 일도 의미가 크고, 진전 없는 외국어 능력도 업그레이드할 수 있는 기회이다.

이제 나는 날마다 새로워지는 창조의 길에 들어선다.

창조는 익숙한 것들을 뒤집고 새로 만들어가는 과정이다.

앞으로 내가 어떤 미래를 맞이할지는 모르지만 '완성을 향한 끊임없는 도전' 으로 내면이 건강하고 성숙한 사람이 되고 싶다.

진정 '어제의 나를 넘어서는 큰 바위 얼굴'처럼 성장이 멈추지 않는 사람이 되고 싶다.

성장이 멈추지 않는 사람

지금까지 오랜 세월 회사에서 일하면서 쌓은 경험으로 나를 지탱해준 인생의 에너지가 얼마나 중요했는지 알게 되었다. 그 에너지는 나의 성장 과정과 상당히 연관이 있다는 사실도 알게 되었다. 그리고 아무런 사전 지식 없이 영업관리자로서 좌충우돌하며 걸어온 영업의 길도 원리와 공식과 방법이 있음을 나름대로 조금은 터득하였다.

지금 이 길을 걷고 있거나 걷게 될 후배들이 선배의 경험을 참고하면 조금은 시행착오를 줄일 수 있지 않을까. 그런 바람에서 이 글을 쓰기 시작했다. 그런데 막상 글을 마치려니 오히려 부끄럽고 아쉬운 마음이 훨씬 크다. 그동안 내가 참 부족했다는 생각을 지울 수 없다. 내가 사다리의 아래 칸을 딛고 서 있다면, 같은

길을 가려는 후배는 나를 딛고 올라 더욱 위로 향하기를 기대해
본다.

어제의 나를 넘어서라

초판 1쇄 인쇄	2018년 9월 27일
초판 1쇄 발행	2018년 10월 5일

지은이	윤병철
펴낸이	신민식

편집인	최연순

펴낸곳	가디언
출판등록	제2010-000113호

주 소	서울시 마포구 토정로 222 한국출판콘텐츠센터 319호
전 화	02-332-4103
팩 스	02-332-4111
이메일	gadian7@naver.com
홈페이지	www.sirubooks.com

인쇄 · 제본	㈜상지사 P&B
종이	월드페이퍼㈜

ISBN 979-11-89159-12-2 03320

이 도서의 국립중앙도서관 출판예정도서목록(CIP)은 서지정보유통지원시스템 홈페이지 (http://seoji.nl.go.kr)와 국가자료공동목록시스템(http://www.nl.go.kr/kolisnet)에서 이용하실 수 있습니다.(CIP제어번호: CIP2018030418)